初學者塔羅

TAROT FOR BEGINNERS

麗莎·錢伯倫
LISA CHAMBERLAIN

入門者的塔羅引路之書

楓樹林

序言

一種統稱為「塔羅」（Tarot）的神祕紙牌，在二十一世紀突然如爆炸般在全球蔚為風行。但就在距此不遠的年代，塔羅牌在主流社會中幾乎被視為一種忌諱之物，從它們經常出現在恐怖電影中即可得知。但這種對於塔羅牌的糾結情緒與揮之不去的恐懼，只不過是因為一些過時觀念，人們習慣將「異教」或「祕術」與「邪惡」或「惡魔」力量做連結的結果。幸好，隨著時代演變，社會也似乎開始擺脫對神祕主義與非傳統靈性體系的偏見，想法變得愈來愈開明。

由於某些宗教人士將塔羅視為一種「算命」方法，因此世界許多主要宗教的教派都禁止教徒使用塔羅牌。塔羅牌確實會讓人聯想到古代算命師這個刻板形象，而這個形象的出現，是在塔羅牌第一次被歐洲貴族拿來當作遊戲紙牌不久之後。然而，將塔羅界定為一種「算命」方法，其實是非常狹隘的定義，無論對塔羅本身、或是對於想要真正了解塔羅智慧的人來說，這都是非常局限的一種說法。

事實上，算命（fortune telling）和占卜（divination）兩者有一關鍵性差別。當你去找人算命，你是扮演被動的旁觀者角色，對於人生不可預知的轉折與改變，你是無力無助的。你想知道什麼事情會發生，彷彿未來早已被注定，而且你對命運無能為力。最後，你只能放棄自己的力量，把一切交給「天數」、交給「命運」，並相信那位算命師是唯一可以為你揭開命運真相的人。當你陷入到這個角色裡面，你是完全沒有自主權的。也難怪塔羅會令某些人感到緊張兮兮！

但是，占卜不一樣。占卜是從以太界、星光界、無形界、或聖界等「肉眼不可見的領域」接收訊息、接取智慧和建議的一門技術。每一個人都可接近這個無形領域，因為我們自己就是這個相互關聯交織的大宇宙的一部分。塔羅是一種可以用來了解這個領域之語言的工具，因為靈性存有的世界與我們所在的生活環境與發展是互通訊息的。從這個角度來看，塔羅占卜確實能賦予我們自主權，因為它能讓一團混亂的事物變得清晰，同時讓我們看到，我們有能力根據我們現在所做的選擇來塑造自己的未來。

當今許多塔羅牌使用者都認為，塔羅是一種反思和反映自我的工具，可以用來了解自己生命中為什麼會發生某些事情（以及了解這些事情的存在意義），從中得到領悟，進而作出抉擇。當我們在複雜的外部環境中摸索前進方向、計畫下一步行動時，這些紙牌可以助我們一臂之力，讓我們擁有更遼闊的視野，以嶄新的角度去看事情。因此，雖然你也會從這本書上學到如何透過解讀塔羅牌來了解未來，但這並不是一本教你如何算命的書。塔羅牌的存在意義，更不只是讓你去問接下來會發生什麼事情而已。

那麼，這些紙牌到底是什麼呢？它們從哪裡來的？怎麼使用？等等這些問題，跟所有涉及神祕主義的主題一樣，都沒有簡單答案，而且答案通常取決於問問題的人是誰。話雖如此，倘若你有興趣學習塔羅，這本書絕對能夠將幫你奠定紮實的基本功。

本書共分為三大篇。第一篇，你會認識到這個迷人的占卜方式的歷史起源，並對現代塔羅套牌有初步通盤的了解。第二篇，會告訴你具體的解牌技巧和解牌建議，並介紹兩個歷經時間考驗最常被使用的塔羅牌陣。第三篇是簡要介紹每一張牌的標準牌義，作為你的快速解牌指南。

只要讀完這本書，你就能自己著手開始進行塔羅解牌。但請記得，占卜解牌絕不會像讀書那麼簡單。願意花時間學習牌義、實際做大量練習、磨練你的直覺力，將是你培養自己成為塔羅占卜師的重要關鍵。如果你願意認真學習這門技藝，你一定會發現，這是一趟收穫滿滿的旅程！

目錄

第2篇：解牌的藝術

第3篇：牌義解析

第1篇

歷史與神祕學

HISTORY AND MYSTERY

◈占卜的象徵語言◈

塔羅最神奇也最迷人之處，或許就在於，它似乎既是人類所發明、同時又帶有神靈啟示的一種合體產物。跟一般使用骰子等這類簡單工具、或是觀測雲象等大自然徵兆等這類占卜方式不同，塔羅相當複雜，且涉及人類文化當中各式各樣交互作用的符號象徵。

塔羅並沒有單一創作者，也沒有一套「最原始的」套牌。它是經歷好幾個世紀、透過許多人的合力貢獻，而發展出來的一種占卜藝術。甚至，每一張牌也都沒有絕對共通的唯一解釋。儘管如此，塔羅仍提供了無限可能性，讓許多尋求紙牌協助的人，從中找到清晰的洞見與意義。

我們可以將塔羅看成一種「語言」，透過這個語言，我們可以聽到和了解到來自神聖領域的訊息，無論是為自己讀牌，還是為別人解牌。就像盧恩符文、茶葉或我們的掌紋，也都是一種可以傳達特定訊息的語言，塔羅牌也一樣，當我們把個別單張塔羅牌和這套牌的符號系統結合起來，就能清楚看到我們自己內在與外部周遭世界的各種訊息。

而且這個語言目前仍在不斷演化，新一代的塔羅占卜者會去研究前人的理論和方法，然後將自己的觀點添加到傳統解釋中。這就是「塔羅」此一特殊占卜系統所具備的其中一種「動態質性」（the dynamic nature）。

塔羅新手經常會問：究竟是什麼人、或是什麼智慧力量的指引，在決定你從整副牌中抽到哪幾張牌呢？紙牌本身是否隱藏著什麼特殊魔法力量？事實是，沒有人可以幫你回答這個問題，因為它會依個人信念、以及你對於占卜這件事的理解與詮釋，而有所不同。

塔羅紙牌確實有點神奇，例如當你洗牌時，突然會有一張牌從整副牌裡跳出來，或是你抽出的一組牌剛好能準確描述出你當下的現況。但更重要的是，要知道，你自己本身也是這整個占卜的一部分。無論你最後確定這個訊息的來源是哪裡，你自己本身都跟這個訊息來源緊密相關。你取用的其實是你自身「高我」（higher self）的智慧，以及占卜過程中介入的其他襄助能量。

如果你急著想直接把這份智慧拿來使用，那可以跳到本書最後一篇，閱讀每一張塔羅牌的基本牌義。不過，若你想要徹底全面了解塔羅牌的運作原理，那最好可以先具備一些知識，包括塔羅牌的起源、一副塔羅牌包含了哪幾種類型的牌，以及每一種牌的基本功能等等。這些知識，你全部都可在以下內容中讀到。

◈ 塔羅的起源 ◈

有一些占卜方法，比如觀察鳥類飛行方式來做占卜，早在人類發明文字前就已存在。還有一些占卜法，例如盧恩符文和掌紋手相，至少也可追溯到遠古時代。

相較起來，塔羅算是相當新的一種占卜系統。最早正式出現是在十八世紀末的歐洲，到十九世紀和二十世紀初才真正普及廣傳。但若從塔羅牌的結構和意象、以及它所隱含的神祕學智慧來說，塔羅的起源應該可追溯到更早。

當今，與塔羅歷史有關的神話傳說、迷思以及學術論證非常之多，若要完整陳述塔羅的起源，可能會超出本書範圍。因此，我會把重點放在塔羅歷史發展的幾個主要階段，因為這些資訊能夠提供一些背景脈絡，讓你更了解現代塔羅。

西方神祕學傳統

十八世紀期間，幾位法國學者和貴族開始對占卜、魔法和煉金術等神祕學（或所謂「祕術」）產生興趣。如同數個世紀以來其他歐洲人做的事情一樣，他們開始挖掘和重建一些更古老的哲學與神祕學傳統，包括猶太教卡巴拉、畢達哥拉斯理論和其他希臘哲學，以及赫密斯派（Hermetic）教義。

這些古老傳統，加上一部分古代和中世紀靈性探究的元素，即是我們所熟知的西方神祕主義，或所謂的「西方神祕傳統」，這些古老傳統至今依然蓬勃發展。隨著時代演變，此一神祕傳統內的諸多人士，也不斷在影響我們對塔羅的認知。

其中一號著名人物就是法國共濟會成員傑柏林（Antoine Court de Gébelin），他在一七八一年發表的一篇著作，被認定是以塔羅牌作為神祕學啟蒙方法的第一篇文章。此文也啟發了其他「神祕主義學家」，進一步將傑柏林的理念加以衍生；數年後，另一位塔羅愛好者尚巴提斯特·阿里耶特（Jean-Baptiste Alliete，以化名「伊特拉」Etteilla著稱）出版了第一本以塔羅牌作為占卜工具的塔羅解讀指南。

數十年後，另一位極具影響力的神祕學者伊萊·列維（Eliphas Lévi）也加入了這個貢獻行列。列維對塔羅的論述，尤其是提出塔羅與卡巴拉之間的對應關係，一般皆認為是他那個時代最重大的成就，影響甚至延續到二十世紀之後。

神話傳說與迷思

若論及塔羅圖像的象徵意義、塔羅與其他神祕學知識之間的對應關聯，以上這幾位法國神祕主義學家確實貢獻良多，大大影響了我們現在對於「塔羅」的認識。不過，這些知識探索者當時對於塔羅所提出的一些關鍵假設，尤其是在歷史淵源的部分，後來也被證實並不正確。

首先，他們認為塔羅最早起源於古埃及。一部分原因是，他們將塔羅牌上的圖像與某些埃及文物做了錯誤連結，另外一部分則是來自某些祕術狂熱人士所流傳的偽造證據。在當時，能夠將任何學問與古埃及神祕知識連結起來，都是一件很潮的事，因此，人們很容易就接受「塔羅來自埃及」的這種推論。

另一個與此有關的迷思是，塔羅是由一群稱為「吉普賽」的歐洲人帶入歐洲，這群人最早來自印度，大約在中世紀期間移入歐洲大陸。這群游牧民族，比較精準的稱法應該是「羅姆人」（Roma），他們也被誤認為是來自埃及／Egypt（因此叫做「吉普賽人*／gypsies」），因此這個說法顯然無助於駁斥塔羅來自埃及的這個理論。直到後來的學者從歷史和地理上得到更多資訊，才終於解開了塔羅起源之謎。

時至今日，已有許多人提出論證，認為塔羅牌與埃及或吉普賽人其實完全無關，而是十八世紀神祕主義學家發明出來的一種東西，這群神祕學家只是將他們原本所知的神祕學知識，改用比較世俗的遊戲紙牌形式來向大眾傳達而已。不過，這種說法也並不完全正確。究極而言，這些塔羅起源理論沒有一項絕對正確，但每一種理論卻都透露了一部分真相。

舉例來說，我們今天所知的塔羅牌，確實是仿效中世紀社會貴族使用的遊戲紙牌而發展出來的。因此塔羅跟我們現在玩的撲克牌有點像，同樣都有四種牌組花色的數字牌，每一種花色也都有自己的圖案符號。

這四個花色牌組，就是大家熟知的權杖、聖杯、寶劍以及錢幣。每一個牌組的組成是：一張王牌（Ace）；九張從 2 到 10 的數字牌（稱為「點數牌」pip）；以及四張

* 譯注：英文的「吉普賽人」Gypsies，據說是從 Egyptian 一詞演變而來。

「人頭牌」，除了撲克牌裡面的傑克（侍者）、王后和國王之外，還多了一位騎士。這些紙牌最早出現於義大利，當時的人就是用這些紙牌來玩各式各樣的遊戲，當時的人稱之為「塔羅奇」（Tarocchi），後來變成我們所稱的「塔羅」（Tarot）。

在十五世紀期間，還有人發明了「第五個牌組」，跟先前那四個牌組風格截然不同。這個新的牌組包含了數張牌，牌面上描繪著當時義大利社會的種種景象與人物，每一張牌還做了編號，看起來像是某種寓言（也似乎是在隱喻什麼事情）。

當時這些牌被稱為 trionfi，意思是「勝利」，因為這幾張牌在遊戲中比其他牌等級更高、力量更大。「Trionfi 勝利牌」也有好幾個不同版本，而且不同版本套牌的勝利牌張數和牌面上的圖像也差異極大。這幾張「勝利牌 triumph」發展到後來，就是我們現在所知的「將牌／大牌」（trump）。

如我們前面提過的，現在人們普遍認為，這些紙牌在當時僅是用來作為一種消遣娛樂，跟後來法國神祕學家試圖將它們與古埃及做連結，根本毫無關連。不過，還是有一些學者認為，塔羅牌並不僅僅是當時有錢人家用來娛樂用的紙牌遊戲而已。

有證據顯示，早在十六世紀，就已經有人把塔羅牌當中的幾張牌拿來作為占卜之用，甚至在十五世紀中葉，有一些教會領袖還用了某幾張勝利牌的圖像來討論哲學和宗教問題。

再者，這些「遊戲紙牌」的圖案，有很多並非完全不帶任何神祕象徵在內。勝利牌最早被創作出來的當時，有一些思想信仰體系，比如赫密斯主義、煉金術，以及其他神祕主義哲學，原本就是當時社會大眾感興趣的議題。但是在勝利牌被加入到塔羅牌之前，羅馬天主教會很早就開始打擊跟他們教義相抵觸的其他精神信仰。

當時的紙牌圖案創作者，為了保護這些圖像不被宗教裁判所（Inquisitions）一眼認定為「異端」，他們往往必須讓這些圖像一方面既可傳達神祕思想，同時又不至於明顯違反教會規定。有些研究者認為，勝利牌的圖案至少有一部分確實帶有這個目的，因為這些圖像當中出現的象徵符號，跟後來發展出的所謂「西方神祕傳統」，都具有相同來源，這個來源當然也包括古埃及。

至於吉普賽人，雖然他們沒有發明塔羅牌，但與塔羅牌的歷史發展也並非全然無關。羅姆人將他們自己的信仰體系和神祕傳統帶進歐洲，雖然跟西方神祕主義截然不同，但毫無疑問，確實為塔羅作為一種占卜形式的出現立下了根基。

羅姆人很早就使用棕櫚葉、茶葉、水晶球和雲象來做占卜。當然還有其他占卜形式，包括符號、靈數，以及一些運用隨機原理來獲得答案的占卜法（比如擲骰子或抽籤），因此，改用紙牌來做占卜對他們來說一點都不困難。隨著塔羅牌在十三和十四世紀逐漸普及廣傳，「吉普賽人」也將塔羅紙牌納入自己的占卜傳統中。最後，歐洲神祕主義者也開始群起追隨效仿。

馬賽牌與現代塔羅牌的誕生

在十五世紀中葉印刷術發明之前，遊戲紙牌相對來說較難取得，因為紙牌都是手工製作的。這就是為什麼很少有中世紀塔羅牌能夠留存到現在，同時也說明了，為什麼最古早的塔羅套牌圖案版本差異如此之大。

隨著印刷技術的普及，塔羅牌也開始進行大規模量產與標準化，特別是在法國的馬賽（Marseille）這個城市。自此，「勝利牌／大牌」（triumph）開始出現一致的羅馬數字序號，而且還加上了「魔術師／The Magician」、「戀人／The Lovers」、「力量／Strength」等這類標題。

到十六世紀末，標準化差不多已經完成，儘管有多家不同廠商在生產塔羅牌，但版本內容都非常相似。此一全新「標準型式」的塔羅牌，就是現在大家普遍使用的馬賽牌（Tarot of Marseille/or Marseilles），其中最為當代塔羅占卜者熟知的是一七四八年首度面世的版本。

這套牌，就是法國神祕學家傑柏林和伊特拉在摸索紙牌奧祕潛力時所使用的牌。延續此時期的發明與創新，一直到進入下個世紀，這副牌的兩大主要部分——勝利牌與四個牌組——開始被稱為「阿爾克那／arcana」（或譯「祕儀」），意思是「祕密」或「奧祕」。這個名稱的出現，使得塔羅牌作為一種占卜技藝的這個概念更加普及化，也跟原始的遊戲紙牌做出了區別。

黃金黎明學會與偉特史密斯牌

終於，十九世紀和二十世紀初的英國神祕主義者也開始對塔羅產生興趣，特別是成立於一八八八年、對現代神祕主義產生多項重大影響的黃金黎明學會（The Golden Dawn）其中的赫密斯派修會成員。在這個組織裡，包括麥克雷戈・馬瑟斯（MacGregor Mathers）以及威廉・威斯喀特（William Westcott）在內的多位神祕學者，運用了伊萊・列維和其他早期法國神祕學家之見解，並將此套牌的內容做了一些調整，以符合他們對神祕學以及各種祕術對應關聯概念的理解。

透過這個團隊的努力，詩人亞瑟・愛德華・偉特（Arthur Edward Waite）與畫家潘蜜拉・柯爾曼・史密斯（Pamela Colman Smith）創製出了二十世紀最受歡迎、也可以說最具影響力的一副塔羅牌。這套牌的創作基礎是馬賽塔羅，但最重要的差別在於，他們為每一張數字牌都分別繪製了不同圖案（另一套有為數字牌繪製不同圖案的紙牌，是十五世紀末出現在義大利的一套牌，據說史密斯夫人在繪製這套新紙牌時，有參考這副牌來取得靈感）。

也就是說，從這個時候開始，你在「聖杯三」這張牌上看到的圖案，已經不再只是單純以三個杯子作為符號的圖案，而是可能會看到三位手舉聖杯的女人聚在一起慶祝或進行某種儀式。跟簡單排列的杯子圖案比起來，這幅圖像為這張牌的解讀開啟了更具體明確的可能性。

這是英語世界首次出現專門為占卜而設計的全副塔羅套牌，而且這套牌被公認是二十世紀最受歡迎也最普及的一套牌。最初是以出版商 William Rider & Son 之名稱命名，稱為「萊德偉特牌」(Rider-Waite)，但近年來大家更常用的名稱是「偉特史密斯牌」(Waite-Smith deck)，以紀念當初繪製這套牌的畫家史密斯夫人的巨大貢獻。

塔羅牌的持續演進

從以上內容，我們已經看到塔羅牌在各個時期的演進，從「日常紙牌遊戲」演變到內容豐富且多樣的占卜技藝，或許我們可以很明確地說，塔羅牌確實沒有唯一一套「真正」的原始紙牌。它其實是不斷在進化，結合各學派之智慧、各種象徵符號、以及來自各個不同文化和時代的思想結晶。而這項工程也絕無完工之日。儘管在二十一世紀的現在，偉特史密斯牌依然是主要「標準」套牌，但是接下來你會看到，過去這數十年，塔羅牌已經出現了各式各樣不同版本，甚至已經與標準套牌分道揚鑣。

隨著這些新興套牌的蓬勃面世，紙牌的解讀系統和方法也開始出現新的發展，其中一些解讀與法國和英國神祕學家的傳統解釋一致，也有一些可能並不相符。傳統神祕學家主張，你必須先把每一張牌的傳統解釋都背熟，然後才能開始做占卜解牌，但二十一世紀的神祕學家看法不同，他們強調憑藉直覺，而非依靠背誦傳統牌義來解牌。也有人認為，隨著社會的發展和演進，塔羅牌提供的訊息也會不斷跟著變化，因此，若此時還堅持使用「老舊」的牌義和解牌方法，一定會限制或扭曲我們對這些紙牌的理解。

以上這些重點一定要牢牢記住，因為塔羅牌自其誕生以來就不斷在演變，至今腳步未曾停歇。不過，如果你本身是塔羅新手，那麼在發展出自己的獨特讀牌見解之前，最好能對傳統牌義先有基本認識，對你會比較有幫助。所以，接下來我們就要先來認識，這套從上個世紀就為大家所熟悉的塔羅牌。

◈ 現代塔羅牌 ◈

現在我們已經知道，十八世紀的馬賽牌經過標準化後，形成了我們當今看到的塔羅牌結構：一副塔羅牌共有78張牌，由22張大阿爾克那牌與56張小阿爾克那牌組成。

小阿爾克那（Minor Arcana）又分為四個牌組，而且保留了中世紀義大利牌四種花色的原始結構，包括：一張王牌（Ace）、九張編號2到10的數字牌（pip cards）、以及四張宮廷牌（Court cards）。

大阿爾克那牌（Major Arcana，或稱「大祕儀」）通常是反映我們內在自我的各個面向、我們在人生旅途中遭遇的情感和（或）精神成長課題，以及人生道路上的重大事件與轉折點。而小阿爾克那牌（或稱「小祕儀」）通常代表日常生活中發生的事件或組成元素，我們就是透過這些事件或元素來發現、經歷以及演繹大阿爾克那牌所代表的「人生課題」。

每一張牌的關聯含義，可以從幾個要素來取得，包括：這張牌的標題（尤其是大阿爾克那牌）、編號（特別是小阿爾克那牌）、牌面圖案、以及其他相關細節。以下內容會有更詳細的解釋。

大阿爾克那

大阿爾克那牌（以下簡稱大牌）由22張牌組成，描繪的圖像包括：原型人物（皇帝牌、隱士牌）、天體（太陽牌、星星牌）、具象物體（戰車牌、命運之輪）、美德（審判牌、節制牌）、以及事態情況（吊人牌、高塔牌）。

傳統上，每一張大牌都有一個羅馬數字編號，從Ｉ到ＸＸＩ（1到21），只有「愚人」這張牌有時沒有編號，有時以「0」為編號。每一張牌的順序，在不同的套牌裡面都是相同的，除了正義和力量這兩張牌除外（後面會詳細解釋），還有愚人牌的位置，通常放在第一張，有時也可能放在最後一張作為大牌的結尾。

隨著時間演變，解釋牌義的各種派別也隨之蓬勃發展，有時不同派別之間也經常相互影響。儘管派別甚多，但大牌代表「人生旅程」或「人生道路」的這個概念，數世紀以來始終未曾改變，始終是反覆出現的主題。

在這樣的架構當下，大牌反映的是我們有形生命過程中遇到的重大事件，也可以代表我們的心理或精神旅程，因為我們生命中所遇到的事件，就是我們的靈魂在此次輪迴轉生中選擇學習的課題。在實際占卜解牌中，大牌通常代表我們人生經歷中包括有形物質層面和無形精神層面的問題。

現在，大家最常用來解釋大牌的一套理論，可能是所謂的「愚人的旅程」（the Fool's Journey）。這個名稱是由二十世紀後期的塔羅學者伊登・葛雷（Eden Gray）倡導而流行起來的，但這個概念很可能是受到黃金黎明學派論述的影響，以及精神分析學家榮格（Carl Jung）與神話學者坎伯（Joseph Campbell）著作之啟發而來。

在此一解牌系統中，愚人牌並不是指傻瓜或笨蛋，而是代表我們每一個人在展開複雜的人生旅程之前，靈魂中本具的純真本性。接下來的牌，以編號1到21的順序排列，訴說這位愚人踏上心理或精神成長旅程之後所發生的種種故事。

愚人注定會遇到阻礙、也會在人生戰鬥場上得到勝利，而且還會遇到多位原型人物，他們將在此旅程中教導他重要功課。此一系列牌卡的最後一張是「世界牌」（the World），象徵愚人在這趟人生旅程中學習到的課題已經完全統合、得到圓滿。

當然，真實的人生很少如此筆直順利、很難像故事書情節那樣線性發展而毫無起伏波瀾。在實際人生當中，我們會遇到各式各樣的難題，然後發現自己陷入跟這位愚人一樣的處境，比如剛找到新工作、剛開始發展一段新戀情，或是第一次出現某種強烈情緒或心理感受等等。這就是為什麼愚人牌並沒有包含在大牌的編號順序中。無論是把它當成第一張牌、還是最後一張牌，它都沒有真正被編號，而且可以被放在這組大牌的任何一個位置，因為其他每一張牌都跟它有關，可以放在一起解讀。

至於其餘的牌，牌序也不代表就是一成不變、或一定照順序在走，因為每一個人的人生旅程都有可能從不同階段啟程。此外，大阿爾克那的「旅程」其實是周而復始的迴圈，也就是說，每一次從「愚人」走到「世界」之後，接下來又是另一次重新學習新事物的開始。因此，我們可以將「愚人旅程」這個概念看成一張地圖，幫助自己去辨識人生旅程當中所處的位置和情境脈絡，但方向不會只有一個。

在「愚人旅程」此一解牌脈絡下，大阿爾克那牌並沒有單一標準、或絕對共通的牌義解釋，但是根據許多塔羅書籍指南、以及經驗豐富的塔羅解牌專家所提供的見解，我們會發現，某些相近的牌義解釋已經形成普遍共識。假以時日，當你對這些牌卡的含義愈來愈熟悉，你也自然會對每一張牌建立起屬於你個人的獨特理解，也會知道每一張牌跟你自己的人生旅程如何做對應。

小阿爾克那

雖然小阿爾克那牌（以下簡稱小牌）看似不如「大牌」那麼重要，但實際上小牌代表了構成我們生活的基本要素、組成成分，沒有它們，大阿爾克那的人生課題就沒有任何實質內容。

小牌的四個牌組，分屬一個特定的人生經驗領域，這四個領域就是：意念想法（ideas）、情緒感受（feelings）、行動（action）、以及顯化現實（manifestation）。由於這五十六張牌占了整副塔羅牌的絕大多數，因此在占卜中出現的機率通常比大牌還要高。

在現代塔羅套牌中，這四個牌組最為大家熟知的名稱就是：權杖（wands）、聖杯（cups）、寶劍（swords）、以及五芒星（或錢幣，pentacles），也有一些套牌保留了較為傳統的中世紀名稱和符號，而另一些套牌則採用了跟傳統標題完全不同的名稱和符號。以下就介紹四個大家比較常用的牌組名稱，同時也把每一個牌組的別名列出來供大家參考。

● 權杖牌組

權杖牌代表靈感、意圖和野心的範疇。當我們感覺創造力滿滿、靈感充沛、受到鼓舞而採取行動、以及（或是）開始構想事情的最終成果時，我們使用的就是權杖的能量。

不過，在這裡想法和行動是有區別的。在權杖階段，行動尚未居主導地位，有時權杖牌的出現是在提醒我們，光有熱情是不夠的，後面必須有實際行動跟進。權杖牌也代表冒險和倡議，因為我們渴望成長、想要創造新東西、希望擴大我們的視野。因為我們本質上就是由欲望所驅動——有時是為了實現正向成果，有時則是為了避免負面結果——憂慮不安和興奮期待這兩種感受，都是這個牌組會出現的情緒。

整體來說，權杖牌通常被認為是帶有正向能量的牌，而且在占卜解牌中經常被用來作為一種鼓勵的象徵。

其他名稱：箭、棍子、棍棒、竿子、節杖、長矛、法杖。

● 聖杯牌組

聖杯牌組屬於情感、創造力、靈性洞見、愛、同理心、以及一般跟內心有關之事物。聖杯牌通常代表我們因某件事情的想法而隨之產生的感覺。這些情緒感受往往會影響我們的行為，無論我們是否有意識到它們。

這個牌組包含了各式各樣的情緒光譜，愉快的和不愉快的都有，因此，某些牌是正面或負面，取決於如何解讀整個占卜牌陣。無論是正面或負面，任何一張牌，只要有助於釐清整件事情，都應該要欣然領受。

聖杯牌也讓我們知道，通靈天賦與共感能力確實有好處，但也可能是一種心理陷阱。一般來說，擁有開放和敏銳的心靈能力雖然算是一種優點，但如果吸收太多他人的能量，或是太過敏感，那就未必是好事了。

其他名稱：缽碗、鍋子、聖爵、高腳杯、心、花瓶、容器。

● 寶劍牌組

寶劍牌代表行動、移動以及掙扎戰鬥，也代表邏輯、理性和智性能力。為了達成某個目標而奮鬥，當中必定經歷苦痛掙扎，這就是寶劍牌所代表的能量。將我們腦中的想法化為真實，必定需要付出非常多的努力，但這通常也代表我們最需要學習的課題。

行動是靈感意念（權杖）與情感（聖杯）相結合的結果，但寶劍牌也代表冷靜理性的建言，提醒我們不要對特定結果抱有期待和執著。正因如此，寶劍牌在傳達訊息時可能會被認為相當冷酷而且刺耳，因為它們單刀直入，直接戳破我們內心執有的一切虛幻妄想。在某些情況下，寶劍牌也可能代表力量、權威和權力，或是代表人性當中會帶來暴力和痛苦的不幸因素。

寶劍牌所代表的不利情況未必絕對令人難以負荷或不堪忍受，但確實顯示出那件事情有點棘手，很難處理。

其他名稱：箭、儀式劍、刀片、匕首、羽毛、刀子、彎刀。

● 錢幣牌組

錢幣牌代表事物顯化成真、結果、基礎穩固，以及物質上的幸福美滿。這組牌的出現，通常代表這件事情與財務、富裕生活、追求事業成就、家庭和家族、以及身體等問題有關。

錢幣牌代表最初的靈感（權杖）顯化成真的最終結果，也就是說，最初的靈感想法會得到情緒感受（聖杯）的回應，然後進一步採取行動（寶劍），最終得到成果。權杖、聖杯、寶劍這三個牌組主要都是掌管非物質能量的無形領域，但錢幣牌關注的是有形的物質層面。不過，錢幣牌也可以代表我們對於物質層面安全感的追求，以及我們作為一個有主權的人，想要擁有的實際掌控權。

占卜當中出現錢幣牌，通常被認為是對情況有利的好牌，因為它們證明我們先前的努力可以得到回報，但也可能是在反映我們內心覺得不滿足（或感覺不足）的恐懼。

其他名稱：圈圈、硬幣、圓盤、盾牌、石頭、護身符。

數字牌的意義

與其他各類形式的占卜一樣，數字在塔羅牌中具有非常重要的意義。現代塔羅套牌從馬賽牌發展出來之後，人們就普遍認為，每一張牌被編派的數字在解牌上含義重大。尤其是當每一張數字牌都各自有了不同的牌面圖案，數字本身所對應的意義，在解釋牌義上更是重要。從編號1到編號10，這十張一組牌在塔羅中也稱為「德克」（the decad），每一張數字牌的數字編號就是解牌的核心所在。

儘管在實際解牌時，不同的塔羅傳統所運用的數字學理論不盡相同（比如包括畢達哥拉斯數字學、迦勒底數字學，或卡巴拉數字學），有些單單使用一種，有些則結合多種數字學理論，不過，從以下對於這十張數字牌的說明描述，我們可以發現，每一個數字都各自代表某個共同主題和關聯議題。這些核心特徵可以幫助你更清楚了解，每一張數字牌在它所屬的牌組中，跟其他數字牌的差異何在。

一，代表將事物的開端、從無到有逐漸成形的階段。每個牌組的一號牌都用 Ace（王牌）這個字來代表，因為這張牌意指某件事情具有「種子」一般的潛能，或是具有十足的發展潛力。而這個潛力可能尚處於休眠狀態，甚至你可能根本沒有發覺，就像一顆種子可能是被人有意種下的，也可能是隨風飄來的。無論是哪一種方式，這顆種子的潛能都需要進一步的行動和發展才能真正顯露出來，就像要畫一個幾何圖形，單單一個點並不能構成圖案，需要另一個點來組合，才能慢慢出現形狀。

二，是一的「下一步」，是讓一個人的潛能得以更進一步成形的必要動作。在幾何學上，單單一個點，什麼地方都「去」不了，兩個點則能形成一條線。在小牌當中，二號牌的圖案通常會出現兩個人，但是二這個數字，除了代表兩人關係，也可以象徵二元性、兩極、平衡、以及抉擇。

三，代表兩者均衡結合之後得到的初步成果。它是靈感概念、合作和成長的綜合結果。三點是形成第一個封閉幾何圖形（三角形）所需的最小值。三的倍數在一到十的數字中一共出現三次（3、6、9）。它代表了表達、創造力、實際顯化、以及統合。三也走出了兩人伴侶關係，進入開放式合作關係——超越二的兩極平衡，進入到更大範圍的狀態，要求一種嶄新的、更複雜的平衡關係——而這個模式，從現在開始會在接下來的數字牌中反覆出現。

四，代表穩定與完成。一個平面三角形，再多加一個點，就創造出第一個三維度立體形狀，也就是「四面體」。從這個角度來說，四就是「一」的最初概念具體顯化成為物質型態的結果。它代表平衡，就像一張桌子的四條腿，也代表穩固安全的基礎。四也與正義和公平交易的概念有關（比如我們會說某人「公平方正／fair and square」）。此外，四這個數字在形上學中也非常重要，比如我們常說的四元素、四個基本方位、以及四個季節。

五，和三一樣，是一個往外擴張的數字，它跟在四之後，擾亂四的完美對稱狀態，如此一來新的事物才可能實現誕生。創造的循環需要靠改變來促成，這種力量往往帶有破壞性，而且可能會有一段時間處在不確定、困難重重、甚至混亂無序的狀態。然而，這種不平衡也刺激了新的運動能量，為原本不可能出現的新發展開闢了機會。

六，為五的混亂帶來秩序。跟四一樣，六是一個平衡與和諧的數字，但由於它整合了一個人到目前為止所顯化達成之事物的每一個階段，因此結構更為複雜。作為一個奇數與一個偶數相乘得到的第一個數字，它帶有調和差異與恢復平衡的能量。六代表成功克服了過去的困難挑戰，而且經常預示勝利的到來。它也代表慈悲心與協力合作、責任，以及為他人服務的內在心性品質。

七，是世界各地靈性傳統中最具神祕意涵的數字。自然界中肉眼可見的顏色光譜有七種，站在地球上肉眼可見的行星有七個，音樂的音階有七個音。我們活在一週七天的生活節奏裡。在六之外多加了一，因此創造出一種新的動能，也創造了新的變化和機會。七代表抉擇、奧祕、不確定性、靈性、智慧以及邁向完滿境界的潛能。

八，重新迎回平衡與對稱的能量，而且現在是四的兩倍。阿拉伯數字8的連續筆畫，跟倒8的無限符號很像。由於周遭環境和宇宙秩序相互協調，一個人的物質和精神層面也處於穩定狀態。這也帶來了新的能量與動力，讓一個人可以去完成目標、組織與整合到目前為止所實現的東西，讓事情更趨近完滿。八代表進步、能力、再生、成功和個人力量。

九，是個位數字的最後一個，象徵一個循環的結束，但在以十為單位的靈數系統中，仍未達到最終的完滿。九的每一個倍數，兩位數字相加，都會得到九，代表九是整個宇宙最完美的存在型態。它是三的三倍，這是一個帶有神祕感且力量強大的結構。九代表確定性、頂點高峰、以及成功的保證，同時也代表邊界、界限和力量。

十，包含了數字一的所有特性，但現在它來到一個新的層次。作為以十為單位的最後一個數字，先前在數字九的階段未完成或未解決的一切事情，進入到十之後都順利得到圓滿，而且也為下一輪的顯化循環立下了基礎。十代表完整、圓滿、因持續不懈的努力而受益。這個數字也代表決心、鞏固、以及準備迎接新的開始。

了解每一個數字的奧祕含義，有助於加深你對塔羅牌的了解，尤其是當你看到沒有插圖的數字牌時。不過，就算你沒有研究過數字學，也不用擔心，你還是可以透過這本書，還有你個人所使用的塔羅套牌手冊，或是其他塔羅學習資源，來了解每一張數字牌的含義。

但是，如果你發現某一張數字牌或某個數字配對不斷出現在你的占卜抽牌中，那就值得你好好去探索一下這些數字牌的深奧含義了，因為這代表宇宙一定是想要告訴你一些什麼事情。

宮廷牌

也統稱為「宮廷祕儀」（或宮廷阿爾克那／Court Arcana），每一個牌組都有四張宮廷人物牌（侍者、騎士、王后、國王），通常是代表一個人的個性和性格的各個不同面向。宮廷牌可以代表實際參與在一件事情當中的人，不過更常代表人們在這件事情當中所表現出的行為模式，或是為了讓這件事情順利達成而需要展現出的個人特質。

根據中世紀歐洲的皇室貴族概念，每一張宮廷牌都有其位階等級，侍者是「初入門階級」，王后和國王牌位階最高。位階等級也代表了一張宮廷牌在它所屬牌組所對應的領域（意念想法、情緒感受、行動、顯化實現）當中，他所擁有的經驗歷練與成熟度。

以這個脈絡來說，侍者牌就是代表年輕人，他們剛剛開始涉足該牌組所代表的經驗領域。比如，如果你問的問題跟新工作有關，那你可能會抽到錢幣侍者這張牌。騎士牌在他自己的牌組領域算是已經有點經驗，但因為歷練還不夠成熟，有時可能不知道如何正確駕馭自己充沛高張的能量。比如寶劍騎士這張牌，可能代表某人沒有先仔細考慮所有可能後果，就輕率行事、蒙著頭往前衝。

在一般遊戲撲克牌中，國王的地位通常在王后之上，但在塔羅牌中，這兩張牌都可以代表性格成熟、能夠掌控情勢狀況的男性和女性能量。從這個解牌角度來說，聖杯王后可以代表善加利用高EQ（情感商數）來為所有人謀福利，而權杖國王則可能代表一位睿智且值得信賴的專家顧問。

宮廷牌也可以意指該次占牌脈絡中的特定事件或這件事情的發展。侍者的傳統職責之一是當信差、幫他們的貴族主人傳遞訊息，因此侍者牌通常也代表有新的消息會降臨在你身上。騎士牌則是代表你會突然採取行動以及（或是）事情會迅速變化。王后牌代表創意點子和計畫即將實現，國王牌則意謂著你能夠完全掌控和處理來到你眼前的任何事情。

跟現代塔羅牌的其他特徵一樣，並不是每一套塔羅牌的宮廷牌標題都會延用傳統名稱。有些套牌將侍者改為「惡棍」（Knave），另一些套牌則用公主和王子來代替侍者牌和騎士牌。尤其後者，主要是為了平衡宮廷人物的性別，因此不使用原來三位男性和一位女性這樣的性別設定。還有一些現代套牌甚至連侍者和騎士牌都改用女性來呈現，這些，都是為了達到性別平衡所做的改變。

神祕學對應

現在我們已經知道，一副塔羅牌裡面的每一張牌都有自己獨特分明的象徵意義，有的代表原型（大阿爾克那），有的代表角色或性格特徵（宮廷牌），有的牌義取決於它所屬的牌組和數字編號（小阿爾克那）。除了這些主要識別特徵之外，經過好幾個世紀的發展，塔羅牌也已經跟其他神祕學系統相互結合，建立起了對應關係。

如同我們之前提過的，列維認為塔羅和卡巴拉神祕學傳統之間存在著結構性關聯

（在當時，有別於卡巴拉的猶太教義脈絡，西方神祕主義傳統也已經將卡巴拉吸收進來，發展成為「赫密斯卡巴拉／Hermetic Qabalah」）。列維和其他神祕主義學者認為，塔羅的22張大牌剛好對應希伯來文的22個字母，而這22個字母都各自有其深奧含義；同時他們也發現，塔羅的大牌和小牌與卡巴拉生命之樹的靈修傳統存在著對應關聯。隨後，偉特和黃金黎明學會的其他成員也將大阿爾克那牌與行星和十二星座做了對應。*

許多塔羅傳統在牌義解釋上，多多少少都會跟赫密斯卡巴拉的內容相結合，有的還特地為這種對應連結創造出占卜牌陣，甚至還有專用的套牌。不過，對本書內容來說，卡巴拉這個主題太過複雜龐大，其實你不需要了解卡巴拉，也可以順利學會如何解讀塔羅牌。

不過，如果你發現自己對卡巴拉很好奇，基於興趣而想要進一步去了解，也是不錯的選擇，對你一定會有幫助。尤其是研究占星學的人可能會發現，行星及十二星座跟塔羅的對應關聯可以豐富你的解牌內容。在這裡，我們會把焦點放在最重要、也最適合初學者學習的神祕學對應——也就是古典四大元素這個主題上，因為「元素」本來就是塔羅牌的形上學「結構」的一部分。

古希臘人認為，世界上所有物質都是由土、風、水、火這四個基本元素所構成。

其他古代文化也都有類似的概念。儘管我們現在知道，這樣的表面歸類似乎過於簡化，但我們還是可以用元素的概念來思考，我們生命中究竟有哪些主要能量在發揮作用。

以塔羅牌來說，元素的對應概念可以幫助我們深入了解我們所詢問的事情。隨著時代發展，不同派別的神祕學家也針對塔羅的大牌和小牌給出各種不同的元素對應。因此，塔羅牌與元素的對應關聯可能因不同套牌而有差異，但一致性也是不少。

元素與大牌的對應關聯，由於各種說法差異性非常大，因此會超出本書的討論範圍。相對來說，小牌的四個牌組與四大元素很自然就能契合，因此元素應關聯和我們先前提到的數字學對應，對於數字牌的解牌來說特別實用。

* 也是在這段期間，他們決定將大牌中的力量牌和正義牌順序對調。此一改動在當時並未被普遍接受，因此現在我們看到的塔羅牌，有些是維持馬賽牌的原始順序，有些則是用偉特史密斯牌改動過的順序。

牌組與元素

大多數塔羅解牌傳統，都將聖杯牌與水元素做對應，因為水總是能依著承裝它的容器改變形狀，並且依循阻力最小的道路往前進。水也是屬於情緒的界域。因此，聖杯牌可以代表跟我們的心和／或心靈感受度有關的所有議題，也代表我們要向他人敞開心扉、或建立有效的人際界限。

錢幣牌對應土元素，因為它們與豐盛富足、安全感、以及在物質世界腳踏實地的重要性有關。錢幣牌通常代表與金錢、職業和家庭有關的議題。不過，錢幣牌的出現也是在提醒我們，要在高層次的精神和／或情緒活動中保持落地扎根、腳踏實地，也要試著去欣賞和感謝我們在物質世界的一切生命經驗。

權杖牌通常對應火元素，因為這個牌組代表最初始迸發和創造靈感的熱情和能量。火是轉化改變的要素，權杖牌代表靈感的「火花」進一步轉化為實際行動和實體表現。不過，有些解牌系統是將靈感想法歸在風元素管轄的領域，比如跟思想意念、白日夢以及其他心理活動有關的範圍。

寶劍牌通常對應風元素，因為這個牌組是代表斬斷虛幻妄想與磨練提升智性能力。寶劍牌代表使用邏輯和理性來解決心理各個層面的問題。有些解牌傳統強調寶劍牌的行動面向，因此將它對應火元素，因為最終能改變現實情況的是「行動」。再來，寶劍確實是在火中冶煉鍛造出來的，此一事實也是他們將寶劍牌與火元素做對應的原因之一。

◈ 更多塔羅奧祕待揭露 ◈

現在，你已經對塔羅的歷史淵源、整副牌的結構，以及每一種類型的牌所代表的不同含義有了基本了解，接下來可以開始進入實際操作階段了。

在第二篇，你會學到如何開始使用自己手上這副牌、如何使用塔羅牌陣，以及如何解牌的一般技巧。現在，準備好你的塔羅牌，讓我們開始來學習解牌吧！

第2篇

解牌的藝術

THE ART OF READING TAROT

◈你也可以成為塔羅占卜師◈

傳統上，占卜被認為是一種只有少數具有特殊天賦的人（比如神祕主義者、通靈人士和靈媒）才能做的事情。數千年來，人們為這些擁有特殊天賦的人設定了一種角色，稱他們為預言家、巫師、占卜師或算命師。

當人們遇到問題，想知道未來會發生什麼事，或是想了解眼前這個不幸是什麼原因造成的，他們就會去找占卜師，然後占卜師會使用各種占卜儀式，把他們從靈界得到的訊息傳遞給來問卜的人。儘管基督宗教在西方普及後，這類占卜師所使用的傳統占卜法開始轉往地下、無法公開進行，但它從未完全消失。因此，當塔羅牌逐漸在大眾間廣傳並發揮影響力後，一些靈媒和占卜師也開始選擇以占卜解牌為職業，這是非常自然的現象。時至今日，對於擅長此項技藝的人來說，塔羅占卜已經成為一項欣欣向榮的熱門行業。

與此同時，也愈來愈多人使用「自學」（ＤＩＹ）方式來接觸塔羅，學習如何自己占卜解牌。從某方面來說，這算是打破了原有的傳統，過去人們認為，如果你想要幫自己做塔羅占卜，那你應該去找另一位塔羅占卜師，即使你自己本身也精於塔羅。這或許是因為，人們對占卜這件事依然帶有些微的「禁忌」印象，認為執行占卜所使用的能量對占卜師本身可能有害。

自己幫自己占卜解牌，確實有一些事情需要注意（稍後會詳細討論），但我們每個人其實都具備自己獲得神聖智慧的能力，而塔羅牌就是獲取神聖智慧非常有效的工具。近來，很多人學習塔羅的目的並不是想要成為職業占卜師，而是單純想要幫自己占牌，在日常生活中使用塔羅牌，已經成為人們從宇宙獲得個人洞見的一種方式。

事實上，即使你是想要學習如何幫別人占卜解牌，如果沒有用自己的問題來練習，那絕對不可能真正了解塔羅牌。把塔羅牌用在自己身上，處理自己的個人問題，可以幫助你建立起對每一張牌的基本認識，讓你日後在面對不同類型問題、使用不同牌陣時，都能有所依據。一段時間後，你就能跟你的牌建立起親密關係，往後當你要幫其他人占卜解牌時，這個經驗絕對會帶給你極大幫助。

不過，如果你想要找其他經驗豐富的占卜師幫你解牌，那也很棒——尤其如果你本身是塔羅新手的話。單純去了解塔羅解牌的整個過程如何進行，而不必費心於如何解牌，這對於初學者來說是很棒的第一步。

至於已經有經驗的塔羅老手，偶爾找其他人來幫自己解牌，也是一件很棒的事情。從一個局外人的角度，可以為我們帶來新的洞察視角，因為當事情跟自己有關，你可能沒辦法從那些角度來看問題，無論你認為自己有多麼客觀。所以，如果能找到另一位塔羅師，現場面對面幫你占卜，那絕對是非常值得的事情。

如果你所在當地沒有職業塔羅占卜師，也可以試著在網路上尋找有提供線上占卜服務的塔羅師。你也可以用你的個人星座去搜尋，網路有很多事先錄製好的塔羅解牌影片。這些影片通常屬於大眾占卜性質，內容較為籠統，不是只針對你個人。但隨著你對塔羅牌的認識不斷加深，這或許也是一種有趣的方法，可以讓你學到不同的解牌風格、認識各種不同套牌以及牌義解釋方法。

本篇的章節內容，是假設你主要是要幫自己解牌，在這個前提下所撰寫的，雖然其中大部分內容也適用於幫別人解牌。本篇內容包括：如何選擇自己的第一副塔羅牌，以及如何熟練每一張牌的牌義。然後，你會學到兩個標準牌陣，以此作為重要起點，開始動手解牌。你還會學到占卜解牌過程的詳細分解步驟，找到適合你個人風格的解牌方法。書上會提供一些建議，讓你將塔羅解牌的實力完全發揮出來。

◈ 你個人的塔羅套牌 ◈

活在一個隨手可取得塔羅牌的黃金年代，我們真的非常幸運！市面上有數百種不同套牌，全新的套牌仍不斷問世。每一副套牌都有自己的個性、心情溫度和風格，幾乎可以說，市面上找不到兩套牌會帶給我們一模一樣的占卜體驗。

市面上的塔羅套牌種類繁多——無論是牌面圖案、牌組分類和標題名稱、象徵意義和解釋等各方面，範圍之廣，絕對超出十八世紀法國神祕主義學家們所能想像！然而，這麼多種類的塔羅牌，對於一個初初入門的塔羅新手來說，卻可能感覺壓力頗大。到底要從哪裡下手，尋找適合自己的第一副牌呢？以下提出幾點建議，供你在選擇套牌時作為參考。

找到適合自己的套牌

首先，可以了解一下你所在地區是否有實體店家在販售塔羅牌。如果有，最好親自去現場看看。雖然大多數實體商店不會讓你把盒子拆開來看裡面的牌，但有很多店家都會提供每一副牌的圖片樣張，讓你仔細感受這副牌的感覺。要不然，你也可以把這盒塔羅牌放在手中，實際去感受一下這副牌的尺寸大小和能量，而且可以多比較幾副牌，感覺一下它們的不同。當然，你也可以把你的個人偏好興趣和經驗跟店家老闆說，請他幫你推薦幾副適合你的牌。

如果你只能在網路上購買塔羅牌，那也沒關係，你會發現可以選擇的牌卡樣式更多。不過，無論你是透過哪一個管道來購買，下單之前，最好能夠先多瀏覽一下這副牌裡面的牌面圖案。一般來說，如果是大眾流行的套牌，通常可以在網路上搜尋到這副牌的牌面圖像（就算不是每一張牌都有，也大部分看得到）。這個步驟非常重要喔。否則，若僅根據包裝盒外觀圖案就衝動買下一副牌，等到你把盒子拆開，才發現自己根本不喜歡其他的牌，這樣的風險實在太高。

事實上，牌面圖案可能是你在選擇一副塔羅牌時，最重要的考慮項目。如果你不喜歡這副牌所呈現出來的視覺美感，那麼你也不太可能在用它占卜時會得到正向感受。因此，在購買塔羅牌時一定要很確定，這副牌的顏色、圖案和整體感覺能讓你產生共鳴。當你在瀏覽每一副牌時，要好好聆聽你的直覺。如果你不喜歡這些紙牌圖案，那麼這副牌絕對不適合你。

另一個重要考量因素，特別是對塔羅初學者來說，這副套牌的「數字牌」是用具體場景圖案來表現，還是只呈現抽象圖案，差別很大。如同我們先前所說，繪有不同牌面圖案的數字牌（比如偉特史密斯牌的小牌），會比僅用牌組符號、而沒有場景或故事圖案的數字牌（比如牌面上只有3把寶劍、4個聖杯或5支權杖），能提供的解釋範圍更廣。有些人確實不太在意視覺圖案，或者有些人光憑數字本身的象徵意義就能產生強烈感受，對於這些人來說，就算數字牌上沒有故事場景圖案，他們還是可以順利解牌。每一個人情況都不同，選擇也不一樣，但這些絕對都是你在購買塔羅牌之前需要考量的事情。

最後一點，一副牌卡裡面附有說明手冊，對大多數初學者來說會非常受用。由於每一副套牌都是獨一無二的，每一張牌的含義範圍也可能跟偉特史密斯套牌或其他更古老的傳統套牌的牌義不同。套牌裡面通常附有說明手冊，可以幫助你了解這位創作者對每一張牌有別於傳統的獨特詮釋。確實，大部分套牌所附的小冊子，對每一張牌的含義解釋大多非常簡要，但也有一些牌卡創作者已經開始打破原有框架，無論在手冊尺寸、頁數或內容上，都相當趨近於一本完整成熟的解牌指南書籍。而且大部分手冊，無論頁數多寡，裡面通常都會介紹一、兩種牌陣。

如果你買到的套牌有附帶說明手冊，你可能會發現，你的手冊跟這本書的牌義解釋有些部分非常相似、有些則差異極大。牌義相近的部分，可以加強你對每一張牌的整體概念，而相互矛盾的解釋，則能提供你一個機會，進一步去開發你的解牌直覺。傳統的解牌智慧通常都能與你手冊上的牌義解釋相符，但如果你的牌卡手冊對每一張牌的解釋都只有兩三個字，那可能不會有什麼幫助。若遇到這種情況，你可以進一步看看，你抽到的這張牌旁邊的相鄰牌是哪幾張，以此來獲得更多解牌資訊，而且，記得一條永遠不變的鐵則：聆聽你的直覺。

與傳統分道揚鑣

由於一般大眾對塔羅的興趣暴增，市面上也跟著出現了許多令人目眩神迷的創新設計，雖然是以「傳統的」馬賽牌和偉特史密斯牌為基礎，卻逐漸與其分道揚鑣。有些套牌開始使用不同的小牌牌組名稱，比如用「圓盤／disks」來代替錢幣／pentacles，用「匕首／athames」來取代寶劍／swords，等等。

很多塔羅套牌的創作者也開始對大牌有了另一番想像，紙牌張數和順序都維持不變，但是圖案標題則給與不同名稱。例如，傳統上的「惡魔／The Devil」這張牌，可能會被改稱為「唯物主義／Materialism」、「自我／Ego」、甚至「自然／Nature」，完全取決於這套牌的創作者如何詮釋這張牌。還有，某些以特定文化和或靈性傳統為設計理念的套牌，例如以北歐或美洲原住民為主題，大牌中的圖像甚至可能會被改成以特定神靈來呈現。

有些出版商還創製了許多「新穎奇特」的牌卡，以特定主題、神祕學傳統，甚至各種流行文化（比如電視節目）的內容作為創作題材。從輕鬆愉快老少咸宜的大眾走向，到極為幼稚愚蠢的搞笑風格，範圍相當廣，後者可能比較適合作為收藏之用，沒辦法真的拿來占卜。

廣義來說，每一次與傳統標準套牌的分道揚鑣，都等於提供了一次機會，把塔羅牌的牌義再次推向新的領域，拓展了整個塔羅世界的深度和廣度。不過，如果你本身是塔羅新手，一開始先堅持使用較為傳統的標準塔羅牌，對你來說可能比較好入門，累積了更多經驗之後，就可以開始觸及一些較為特殊的牌卡。

如果你發現自己無法安安分分只使用一副塔羅牌，那該怎麼辦？萬一還有好幾副塔羅牌好像在對你招手，怎麼辦才好？答案是，你想買多少副牌，就買多少副吧。

很多塔羅占卜師手上都會有好幾副不同套牌，他們會根據自己的心情或特定類型的占卜，來選擇使用適合的牌卡。

不過，如果你是新手，剛開始最好只使用同一副塔羅牌，每次都用這副牌來學習塔羅牌義，並熟悉幾種常用牌陣。一開始先選定一副牌作為入門學習之用，等到你對解牌開始有足夠的信心，就可隨你喜歡，選擇其他的套牌來使用。

熟悉你的牌卡

塔羅牌就像一位個性複雜而且讀他千遍也不厭倦的新朋友。要徹底認識你手上這副牌，確實需要花一點時間，當你們關係逐漸加深，他就會對你揭露愈來愈多的訊息。所以，慢慢來不要急，好好享受這個神展開的過程！

第一次跟這位朋友「相會」時，要做些什麼事呢？首先，將整副牌在你面前攤開成扇形，或是將整副牌一張一張快速翻看，這樣你至少可以大致瀏覽一下每一張牌究竟長什麼樣子。正常情況下，一副全新的套牌裡面所有的牌都會按照順序排列，從大牌開始，然後是小牌的四個牌組。你可以一次把一個牌組鋪開在桌面上，從你覺得最好奇的那一組開始。看看這組牌是怎麼進行的，從一號牌（王牌 Ace）開始，一直排到國王牌。大牌也可以這樣做，從愚人牌開始，一直排到世界牌。

然後，花一點時間把整副牌一張一張翻開來看，不用管它是屬於哪一個牌組。仔細研究牌面圖案，用心注意圖中的小細節。接下來進行下一輪，這次要用很慢的速度，一邊研究每一張牌，一邊熟悉每一張牌的含義。當然，一副塔羅牌共有 78 張，要把這件事情做完會是一項艱鉅任務，不太能一口氣完成。你可以試著每天空出一點時間，每次研究 5 到 10 張牌就可以了。

你也可以在能量的層次上跟這些紙牌做連結，而不光是在大腦理智的層面上去了解牌義。有人會選擇在晚上睡覺時把牌放在枕頭下，趁睡眠時刻用潛意識去吸收每一張牌的含義。你也可以試試看，讓整副牌陪你睡覺，或是每次枕著一張牌睡覺。尤其是，如果你覺得有些牌不管你怎麼研究都還是很難理解，那麼不妨試試這個方法，應該會很有用。

還有另一種方法，可以增強你跟這位牌卡新朋友的連結關係，那就是：先將這副牌上面原本附著的能量（不是屬於你自己的、或是不好的能量）全部淨化乾淨，然後注入你自己的能量來幫這副牌充電。我強烈建議你在使用前先幫整副牌做淨化，因為一副牌從生產製造商到你手上，過程會經過很多人的手。雖然這些殘留能量未必全都是負面的、不好的，但它有點像是「灰塵」，可能會遮蔽你的內在眼睛，讓你看不清這些牌。

淨化牌卡有好幾種方式，第一個是用煙燻法，燃燒鼠尾草或其他具有淨化作用的藥草，產生煙霧，把整副紙牌在煙霧中繞幾下，或是在滿月時刻將牌放在月光下，或是在整副牌的旁邊敲缽或敲鐘，用聲音來消除牌卡上原本附著的能量振動。（為了獲得最佳淨化效果，請務必先將牌卡的外盒或任何包裝都拆掉，將紙牌取出來）。淨化之後就可以開始充電，將整副紙牌握在手中，然後觀想你的能量穿過你的手指，進入到這副牌的每一張牌裡面。你可以觀想這股能量是藍色的光、靛藍色的光、紫色光或是白光。或者，你也可以把整副牌放在月光下，一方面做淨化，一方面同時做充電；或是將整副牌放在白水晶或繪有五芒星圖案的石板上，並觀想每一張牌都得到充電，帶著清晰、乾淨、正向的振動能量。

沒有使用牌卡時，也要將牌卡收好，而且要找到適當的位置來存放這些牌。跟其他任何東西一樣，塔羅牌也會吸收它們所在位置的能量，如果你太輕忽、沒有好好對待這些紙牌，它很可能會反映在你占卜解牌的品質上。

有些人相信，把紙牌放在特製的袋子或盒子裡，占卜的品質會更清晰也更有力量。有些人則喜歡將紙牌跟某類水晶放在一起收存，比如白水晶或藍紋石。當然，要怎麼做，全看個人喜好——最重要的是，無論使用或收存塔羅牌，都要對這些紙牌心存敬意。

挖掘牌義的方法

以下介紹一個非常實用的練習，當你開始使用一套新的牌卡，仔細研究每一張牌的細節時，這個方法可以幫助你開啟這些新紙牌的潛在訊息。由於這個方法很強調視覺圖案中的線索，因此，不太適合用在沒有場景圖案的數字牌。如果你手上這套牌的小牌沒有人物或場景圖案，那你可以把大牌單獨取出來，用大牌來練習就好。

1. 首先，提出一個問題——某件事情你心裡不太確定，你想要知道答案。可以是一段感情關係、選擇一份職業，或者單純想知道今天或未來一週該注意什麼事情。記得，這個時候你只會用到一張牌，而單張牌不太容易解決複雜的問題，因此，請盡量詢問比較簡單的問題就好。（在後面章節，你將會學到如何提出有效的問題，來獲取更精確的答案）。此外，也請先避開那些會引發你強烈情緒的問題，因為那樣會分散你做這個練習的主要目的，這個練習的重點在於留意牌面細節和保持敞開的心來接收訊息。把你的問題寫在一張紙上，然後把紙摺起來放在一邊。開始洗牌，牌背對著你，一邊洗牌、一邊想著你寫在紙上的問題。洗好牌之後，隨機抽出一張牌。把剩下的牌放在一邊，也不要再想那個問題。

2. 把牌翻到正面，看一下牌面圖案，然後迅速把牌翻回背面。現在開始回想，你記得這張牌的主要圖案是什麼嗎？你腦海裡出現的第一個畫面是什麼？舉例來說，如果你從偉特史密斯牌中抽到權杖3，首先你注意到的可能是牌面中心那個人，他背對著你，然後隱約感覺這個人旁邊有三根長長的木杖。閉上眼睛仔細回想，不要偷看牌，看能不能再回想到其他細節。

3. 現在，再次把牌翻到正面，花一點時間仔細查看整張牌的圖案。你有看到其他東西嗎？同樣用權杖3這張牌做例子，這次你可能會看到這個人是一位男性，他的右手握著其中一根木杖。繼續看著這張牌，你有出現什麼感覺嗎？這張圖描繪的是一種平靜的感覺？還是一個悲傷的人？請留意你心裡升起的任何「直覺感受」，無論它有多麼隱微、多麼微細。這就是你的直覺，是被這張牌的能量激發出來的直覺。

4. 接下來，花點時間把畫面中一些較小的局部細節放大來看。一樣用權杖3做例子，你會看到，這個人面朝著一片看起來像是沙漠的地方，背景是一座連綿的山脈。這個人的左肩披著一塊綠色布巾。整幅圖案中還出現了哪些顏色？你還看到哪些細節，無論多麼微小？

5. 當你花時間看完這張圖的每一個細節後，接下來請把鏡頭「拉遠」，重新再看一次整張圖。將整個畫面想像成一個長篇故事當中的某個凝結場景。試著意會一下，這幅圖案所展現的動作是什麼。發生了什麼事？為什麼這件事會發生？這個人是即將橫越這片遼闊的土地？還是，他可能才剛剛完成長途跋涉橫越這片荒野，現在正回頭看看自己走了多遠？請用畫面中的局部細節當作線索。如果僅從你看到的東西來說，這張牌可能是想要傳達什麼訊息呢？如果可以的話，請將你看到的內容大聲說出來，並且／或是把你的感想寫在筆記本上。

6. 當你對這張牌做了全面思考，把你看到的每一個細節，以及你心中曾經出現的每一個直覺「衝擊」全都記錄下來，然後，把一開始寫在紙上的那個問題攤開。用你對這張牌的觀察內容，來思考你剛才寫下的這個問題。哪些細節和／或可能的訊息好像特別重要？哪些細節或訊息沒什麼重要性？你可以隨自己喜好盡量去探索。同時觀察兩件事：一個是「用你的思維頭腦努力想破頭來找出牌義」，一個是「單純接收自然流進你覺知意識中的感覺印象」，這兩件事情有什麼差別。

萬一，你花了很多時間做這個練習，但卻完全沒有感受到任何「直覺衝擊」，那請換另一張牌試試看。你可以一直抽牌，直到出現你覺得真正感興趣的牌，也可以（或是）換別的問題試試看。你可以用這個方法，每天針對一張牌來做練習，直到把整副牌都做完。

逆位牌

很多塔羅解牌傳統都會使用「逆位牌」（reversed cards）的概念。所謂的「逆位牌」，就是在占卜牌陣中出現上下顛倒的牌（請注意：一張牌是正位或逆位，是從問卜者的角度來看的）。逆位牌的含義，可以被解釋成正位牌義的相反，但實際上逆位牌的解釋並沒有那麼簡單。舉例來說，當一張牌的正位含義帶有否定意味或對事情不利，那它的逆位牌義很可能跟正位牌一樣，只是程度上更為強烈。另一種解釋是，逆位牌可能是在強調這張牌整體所代表的主題的其中一個特殊視角。

習慣使用逆位牌的占卜師們發現，逆位牌可以增加占卜解牌的深度，因為有很多問題是僅用正位牌占卜無法發現的。不過，也有很多占卜師選擇不使用逆位牌，他們會集中火力把重點放在：一張牌在整個牌陣中的位置、跟整體主題的關聯，以及它跟其他牌相互作用的結果，以此來判定這張牌可能是代表哪一層含義。這種解牌法的好處是，可以避免掉用不必要的負面方式來解釋當事人的情況，同時又能清楚凸顯出這些牌所代表的潛在困境、問題，或是當事人需要做的改變。

占卜時要不要使用逆位牌，完全取決於你個人喜好而定。如果你是塔羅新手，光是使用正位牌義來解牌就有很多東西要學，因此，你可以考慮等到你對塔羅比較上手之後，再開始使用逆位牌，而不要一開始就刻意要把逆位牌義放進來解讀。雖然是這樣說，但是研究逆位牌義，也確實有助於你更清楚認識每一張牌的整體能量、用意和訊息。

另外就是，沒有必要只因為害怕得到「壞消息」而刻意迴避逆位牌。一方面，逆位牌義通常只是代表「缺乏好消息」，或是你所期待的事件會延後發生罷了。但更重要的是，塔羅主要是一種「反映／反照」（reflection），而不是一種「預測」（prediction），它是要幫助你了解整件事情的真實情況，然後知道從哪一個方向走可以帶來最好的結果。

◈使用塔羅牌陣◈

牌陣是一種擺放紙牌的既定陣式，每抽到一張牌都會依特定順序擺放在特定位置上。在這個陣式中，每一個位置（陣位）都能為問卜者（querent，也就是來尋求占卜解牌的人，這個人可以是你自己，也可以是其他人）提供一個特定角度，來了解他所詢問的事情。牌陣提供了我們一種跟紙牌對話的方式，並幫助我們將紙牌訊息「組織」成一個有用的架構，從各個不同層面來了解我們所提出的問題。

有些塔羅師認為，牌陣愈複雜，需要具備的解牌技巧難度就愈高，但這不一定是事實。比如以下我們會詳細介紹的「凱爾特十字牌陣」（the Celtic Cross spread），就經常被推薦給初學者使用，因為它是一個很好的例子，可以用來說明不同陣位的牌彼此之間如何相互關聯，讓我們對所詢問的問題有更全面的了解。不過，一開始我們要先來認識經典的「三張牌牌陣」（the Three-Card spread），這是開始使用牌陣的學習者必學的絕技。

三張牌牌陣

三張牌牌陣非常適合用來處理一些相對較為簡單的問題，而且當你想要熟悉一副新牌卡時，這個牌陣可以提供非常好的練習機會。由於可以迅速完成，因此當你需要「立即」得到答案時，是一個非常好用的牌陣。「三」這個數字在神祕學象徵以及許多其他宗教和神祕傳統中，始終具有特殊意義。

傳統上，三張牌牌陣提供了一個觀看事情的角度，讓我們能「一目了然」看見問卜者所問事件的過去、現在和未來。在這個牌陣中，中間的牌代表現在，左邊的牌代表過去，右邊的牌代表未來。三張牌的擺放順序，有些人是從左到右依序擺放，也有一些解牌傳統是先放中間牌，接著放左邊牌，最後是右邊牌。

到底要從中間還是從左邊開始解牌，也依個人喜好而定。一開始先解讀「現在牌」，可以讓我們看到這三張牌所要告訴我們的事件角度，或許有助於你用新的眼光看待過去發生的事。反過來說，若從「過去牌」開始，則可以幫助你確認你抽到的這幾張牌是否真的有回答到你所提出的問題。你可以憑直覺來選擇，或是兩種方法都試試看，看哪一種最適合你。

除了這種以時間軸為導向的解讀方式，三張牌牌陣也可以針對問卜者提出的問題來量身訂製。每一張牌可分別代表所詢問主題的一個特定面向，然後你可以幫每一個陣位分別指派一種代表意義，來回答跟此主題有關的問題。

舉例來說，如果你現在面臨到一個抉擇，不知是否要採取某項行動，你可以設定左邊牌代表「採取此行動會得到的結果」，然後右邊牌代表「不採取此行動會得到的結果」，中間牌則代表「抉擇時的建議」。

以下是適合使用三張牌牌陣的時機：

晨間（或晚間）的每日抽牌

1. 接下來這一整天的主導能量是什麼
2. 針對如何駕馭那些能量提出建議
3. 遵循建議可以得到什麼結果

了解一段情感關係

1. 現在的你
2. 現在的對方
3. 你們雙方的關係

自我檢視

1. 你的身體
2. 你的情緒狀態
3. 你的精神／能量狀況

無論你如何設定這三張牌，在你選牌和擺放這三張牌時，你自己心裡一定要很清楚，三張牌分別代表什麼。你可以用一些方法來幫助你確認陣位意義，比如，當你把一號牌擺放在桌面上時，你可以同時大聲說出「這一天的能量」。

這個牌陣也可以用在沒有明確問題的一般占卜，但可能不太能達到目的，因為沒有一個特定的範圍來獲取更詳細的訊息——換句話說，如果你的問題不明確，那可能很難確定這些牌到底是在指詢問者生活中哪一方面的問題。

凱爾特十字牌陣

凱爾特十字牌陣結合了三張牌牌陣的各種運用面向，但遠遠超出過去、現在、未來的框架，而且多了好幾個陣位，可以為問卜者的問題提供更詳盡和細膩的畫面。紙牌的鋪排陣式看起來類似一個方形十字（此即牌陣名稱由來），右邊是四張牌排成一直線。

凱爾特十字牌陣最早是由黃金黎明學會引進到神祕學界，歷經時間演變，已經發展出許多不同的版本。（事實上，如果你在網路上搜尋凱爾特十字牌陣的解牌實例，你可能根本找不到兩個一模一樣的版本）。大多數版本都使用十張牌，少數使用十一張牌，而且陣位的順序和標題可能差異頗大。

以下介紹的這個版本，是標準十張牌的陣形，每一個陣位所代表的意思，也是普遍最常使用的。你可以先用這個版本做一、兩次占卜解牌，然後再試試其他不同變化，直到找出最適合你的版本。

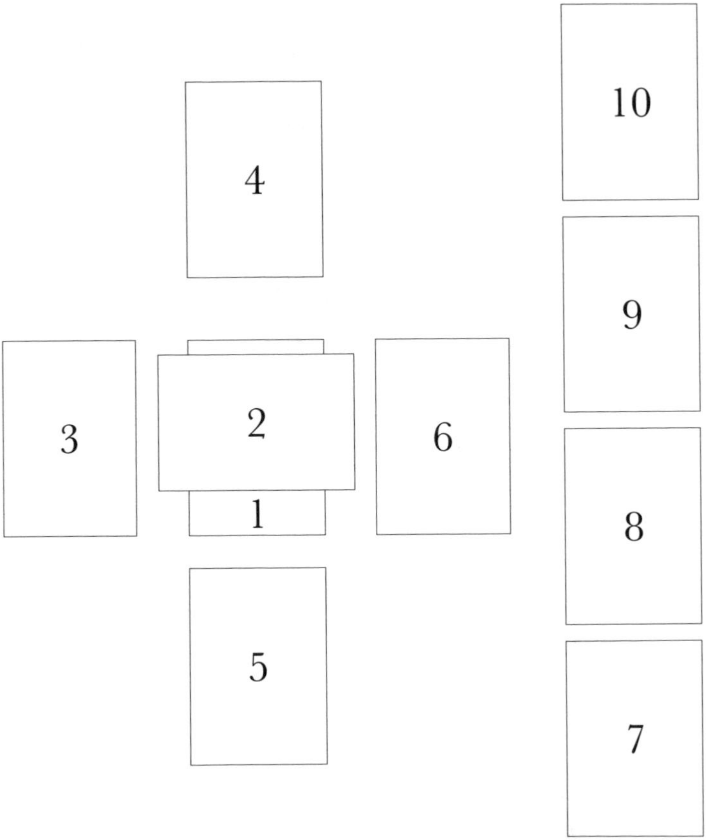
10
4
9
3
2
1
6
8
5
7

1. 自己。反映問卜者自己對這件事情的心態，以及／或是他們現在如何看待自己遇到的這件事情。

2. 事件情況。反映問卜者主要想詢問的事情。這張牌剛好「橫向」蓋在代表「自己」的那張牌上，因為它通常代表自己感覺受到阻礙的困境。比如像是：面臨各種抉擇、對某件事感到困惑困擾，或是想要改變什麼事情。無論這件事情是什麼，牌陣中的其他牌都有助於進一步了解這張牌的內容。

3. 不久前的過去。代表距離現在不久之前發生的事情。這張牌有助於說明為什麼會出現陣位 2 這件事情。這張牌也可以用來向問卜者確認，這些牌是否有回答到他們所提出的問題，因為它通常是反映問卜者最近剛發生的事情或是剛經歷過的情緒感受。

4. 高我的指引。代表問卜者本身的高我（higher self），以及問卜者自己由上往下用鳥瞰的角度來看這件事情，可獲得的指引。這張牌也可以代表問卜者的生命功課，或是問卜者藉由這件事情可以得到什麼樣靈魂發展的機會。

5. 根本影響力。代表造成問卜者遇到這件事情的根本影響原因。可能包括：沒有經過檢視的信念、記憶、從先前經驗學到的功課、可能被壓抑的情緒，以及問卜者到目前為止在他們人生旅途中獲得的智慧和有用的知識。這張牌經常能夠揭露出問卜者自己沒有意識到的訊息，以及他可能要有意願去看見自己的「陰影面」(shadow side)，而這些內在領悟對他來說是非常有價值的。

6. 不久的將來。代表近期可能發生的事情。這張牌並不是代表整件事情最後的結果，而是指這件事情的下一步發展可能會是什麼。它可以用來當作一種有益的示警，如果發現情況可能往不利的方向發展，現在還有機會根據其他牌的訊息和建議趕快改變行動路線。

7. 期待與擔心害怕。代表問卜者對於這件事情未來的發展所抱持的期待、夢想以及擔心害怕。期待和害怕往往是一枚硬幣的正反兩面，一面代表想要的結果，另一面代表不想要的結果。這張牌通常有助於讓問卜者看到，在實現目標的過程中，內心所隱藏的恐懼與害怕，比如，一方面很想要得到某樣東西、一方面又擔心害怕的恐懼矛盾心理。

8. 外部影響力。反映出當下正在影響問卜者和／或事件的外部氛圍及影響力——包括周圍的人、事情、以及能量。這張牌通常意指問卜者本身無法掌控的外部因素。它也可能代表跟這件事情有關的其他人的看法。

9. 建議。表示問卜者如果想要達成他期待的結果，那他應該要做什麼（或不要做什麼），或是至少可以避免不想要的結果發生、或是把負面影響降到最低。這張牌可能是一個具體的行動建議，但也可能是提出一個具體可行的有用觀點，或是一個要問卜者在決定這件事情的方向時，心裡該記住的一個重要訊息。

10. 最終的可能結果。代表根據此次占卜出現的其他牌的內容，長期來說可能得到的結果，它通常會被問卜者解釋為此次占卜提問的答案。不過，這張牌其實只是代表，根據問卜者目前對這件事情的處理方式，最後可能會得到什麼結果。未來從來都不是固定不變的，一切尚未成定局，所以，就算結果牌不是好牌，問卜者還是有能力改變方向、扭轉局面。必須把整個占卜當作一個整體來看，把重點放在問卜者可以做什麼事情，來得到更好的結果。如果需要進一步做澄清或補充訊息，可以再額外抽出一、兩張牌，來幫助整個牌陣的解讀。

除了以上兩個經典牌陣之外，還有很多不同類型的牌陣可供選擇，你可以自行研究，嘗試更多的可能選項。牌陣的種類範圍非常廣，從最簡單的單張牌，到包括12張牌以上的陣形都有。哪幾種牌陣比較有用，完全要看該次占牌的核心問題來進行考量。所以，不要害怕嘗試各種不同的可能性，多做實驗，自然能找到你覺得最有用的牌陣。

◈傳統塔羅占牌剖析◈

雖然你可能大部分（或主要）是為了幫自己解牌，但了解傳統的塔羅占牌步驟（包括占卜者與問卜者雙方）如何進行，對你還是非常有用。學會這些方法之後，你就能根據自己的需要，量身訂製最適合自己的占牌方法。占卜解牌的每一個步驟確實都有很多不同做法，因為這是一項高度仰賴個人直覺的技藝，不過，整個過程該怎麼進行，還是有一個基本架構在。

占牌前的準備

首先，占牌的環境非常重要。不用特別提，大家一定都知道，占卜過程中不可以有任何外界干擾，導致占卜師和問卜者的溝通訊息中斷。此外，最好還能營造一個有助於雙方思考更清晰、洞察力更敏銳的良好環境。

用鼠尾草或其他具有淨化作用的藥草，先將整個占牌空間煙燻淨化，可有效清除空間裡殘留的「精神靜電」或負面能量，如果不先將這些能量清除乾淨，可能會影響到一個人的第六感敏銳度。如果你一直都在同一個空間進行解牌，那未必每次都要做淨化，但是有做的話，效果當然會比較好。

用來擺設牌陣的平面是否理想也很重要。你可以將一塊特殊布料或一張小型壁毯直接鋪在地板上，或是把一張桌子清乾淨，不要有其他多餘的東西（比如電話、成堆的郵件等），因為那些物品可能會干擾你的占牌能量。你也可以在桌上擺幾個蠟燭和一、兩顆水晶，但這不是絕對必較。最重要的是，要營造一個有利於專注讀牌和接收紙牌訊息的空間。

另外有一件事情也很重要，在開始進行占卜解牌之前，占卜師一定要讓自己的能量穩固接地（grounded）、注意力集中。可以同樣用煙燻法，在占卜師的身體四周和頭頂上方區域全部做一次淨化的動作，然後在開始占卜之前讓自己保持安靜、靜心冥想幾分鐘，觀想自己的身體四周空間圍繞著一圈具有保護作用的白光，並在心裡祈求此次占卜順利得到結果，以上這些方法都可以結合起來使用。這個步驟的主要用意在於，確保占卜師在讀牌過程中能夠保持心神專注，以免在翻牌和思考牌義時可能會出現心理上的「漩渦」效應*（swirling effect）。

擬定問題

通常，人們會來做塔羅占卜，是因為他們想要了解自己生活中某些方面的問題或特定議題，包括工作、金錢、家庭等這些外在問題，以及情緒和心理健康、自我了解、靈性成長等內在領域的問題。

不過，也不是每一次做塔羅占卜都一定得問什麼重大問題，有時你只是想單純抽一張牌，看看自己的整體情況，或是了解接下來可能會發生什麼事情。但對塔羅新手來說，先擬定一個問題，然後把占牌的焦點鎖定在這個問題上，對於學習牌義解釋會更有幫助，因為這樣才能提供一個清楚的輪廓形狀，讓紙牌訊息可以進到這個範圍來。

擬定問題的另一個好處是，它可以讓你在開始占牌之前，對於自己想要知道什麼，有更清楚的了解。知道怎麼問問題才能得到答案，絕對是一門藝術。對於初學者來說，最好能夠避免只問「是或否」這類問題，因為在這類占卜中，很難將牌義解釋得很清楚。

整副塔羅牌中，沒有一張牌從表面上就可以看出究竟它代表「是」還是「否」。舉例來說：「我今年是否能找到新工作？」這並不是一個理想的問題。你或許可以試著改變一種問法：「關於近期的求職情況，我需要注意什麼？」或是：「我可以做些什麼事情，來幫助自己找到新工作？」基本上，你的問題必須同時結合「明確性」和「開放性」，這樣才能讓紙牌藉由它獨特的象徵和暗示語言，為你帶來啟發。

從問題當中的疑問詞，就能判斷你的提問方式是否正確。比如說，如果你問的是「誰」和「什麼時候」這類問題，你通常很難得到明確答案（雖然並非完全不可能）。相較之下，如果你問的是「怎麼做」、「做些什麼事」以及「為什麼」，這類開放式問題就比較能為你帶來重大領悟和洞察。

＊譯注：是指占卜師可能因為自己原本對某些牌的固定印象，而影響到解牌而不自知

問卜者要不要事先把問題說出來跟占卜師溝通，這也因個人習慣而異。有些占卜師覺得，如果能先知道問卜者心裡主要想問什麼，那會對解牌有幫助，但有些占卜師則比較喜歡解「盲牌」，也就是在不知道對方想法的情況下來解牌，因為這樣可以確保他們的直覺不致受到理性邏輯的干擾。

有些問卜者可能會覺得自己的問題太過私密，不想公開跟占卜師講，他們比較想要在占牌過程中保有自己的思考空間。有些問卜者喜歡直接告訴占卜師這次的占牌重點，而且隨著紙牌透露出事件的更多面向之後，通常問卜者自己還會提供出更多資訊。遇到這種情況，假如提問者本身對占卜師夠信任，那麼占卜師、塔羅牌以及提問者三者之間所展開的對話，將會大大提升占牌的準確度。

洗牌、切牌和抽牌

洗牌是整個解牌過程中非常重要的步驟，重要性僅次於正確解釋牌義，因為洗牌的過程就是在向宇宙發出溝通的訊號。

進行任何占卜抽牌之前，一定要先洗牌，就算你只是一時興起想要幫自己快速抽出一張牌。從能量的層次來說，不先洗牌就進行抽牌，就像在看「昨天的新聞」。洗牌非常重要，不僅因為它是在物理層次上以隨機方式對實體紙牌重新排序，同時也是在形上學層次上注入一種精神意圖，希望在實際操作這些牌卡時能做出準確的解讀。

洗牌的方式有很多，在傳統塔羅占卜中，對於該由誰來洗牌，也有很多不同論述。有些占卜師不喜歡讓別人的能量進入自己的牌卡裡面，因此選擇自己洗牌。有些占卜師則希望問卜者的能量與紙牌的能量相結合，讓紙牌更能反映當事人的實際情況。也有一些占卜師會兩種方式混用，讓問卜者先洗一下牌，然後把牌拿回來，自己完成接下來的工作。

如果來尋求占卜的人沒有先敘述他的問題，那麼負責洗牌的人就只要單純發出意圖，祈求抽出的牌清晰明確即可。如果是由問卜者自己洗牌，而且他心裡已經有一個想要問的問題，那他們可以在洗牌時把注意力放在這個問題上，一邊洗牌一邊反覆默想問題。如果問卜者有先把問題說出來，那麼占卜師與問卜者雙方都可以在洗牌時把注意力放在這個問題上，不過占卜師這邊還需要多注入一個意圖，祈求這次占卜順利準確。至於洗牌要洗多久，只要洗牌的人自己感覺可以停下來，那就算洗牌完成了。

如何洗牌，方法也很多，從華麗的賭場式洗牌法，到單純將紙牌牌面朝下、散開鋪在桌面上然後隨機抽牌，一次單用一種洗牌法即可。洗牌方法並沒有所謂正確或錯誤。只要你用的方法可以讓整副紙牌有效移動，讓至少大多數的牌可以在牌堆中改變它們的位置，然後信賴這個洗牌過程就可以了。如果你有使用逆位牌做占卜的習慣，那麼當你在洗牌時，也要確保整副牌當中會有部分的牌最後會是上下顛倒的牌。

洗牌後，傳統上都會進行「切牌」的動作，雖然並不是每一位占卜師在做任何一種類型的占卜時都會這樣做。切牌要做一次、兩次或三次，也完全依個人喜好而定。切牌之後，整副牌通常會被分成幾堆（牌面朝下），然後再重新堆疊在一起，最後才開始抽牌。

抽牌的方式也千差萬別。很多占卜師會自己抽出所有的牌，然後將這些牌擺放到牌陣位置上。有些則是由問卜者來抽牌，然後由占卜師告訴他們該將牌擺在哪個位置，來擺出一個牌陣。你可以將整副牌攤開成扇形，然後從中隨機抽牌，也可以不攤開，而從整副牌最上面一張開始抽，一次抽一張牌，直到將這次牌陣所需張數的牌全部抽出來。在某些占卜中，整副牌可能會被分成兩、三堆，抽牌時從每一堆輪流抽出。各式各樣的抽牌法非常多，你一定要親身去做實驗，才會知道哪一種方法最適合你。

翻牌和讀牌

至於什麼時候要將紙牌翻成正面、露出牌面圖案，每一位占卜師的做法也都不一樣。有些占卜師喜歡在抽出每一張牌後，就馬上把牌翻成正面，然後擺在牌陣位置上。有些人則先將牌面朝下，等到整個牌陣的牌都抽出之後，再把牌逐一翻開。

在這個步驟，有人可能會選擇將全部的牌一次翻開，這樣在他們開始單獨解讀每一張牌之前，就能大致上了解整個占卜牌陣。在深入探討每一張牌的細節之前，這樣做有助於了解牌與牌之間的相互作用關係。

不過也有人比較喜歡一次只翻一張牌，就像閱讀一本書，一次只讀故事的一個章節，將它充分吸收之後，然後再進入下一章。同樣再次強調，要多去嘗試不同做法，自己親身實驗，有助於你找到最適合自己的方式。

總之，無論你是採用哪一種方式，當你思考過每一張牌的牌義之後，務必要花一點時間仔細來回查看整個牌陣。因為這是一個很好的機會，讓你可以找出整個牌陣的主題模式，比如，是否重複出現哪幾個數字、是否某個牌組的牌特別多，還有，牌與牌之間的圖像或主題是不是有什麼關聯性。

舉例來說，如果一個牌陣中出現好幾張大牌，那表示你可能正在（或即將）面臨某些特別重大的事情或能量。如果其中有幾個數字或幾個牌組出現的牌特別多，看起來是居主導地位，請往前翻到本書第一篇，看一下書上對於這些數字或牌組的描述，可以幫助你得到更多訊息。

結束占牌

當此次占牌中所有的牌都解讀完畢，而且問卜者也得到新的領悟或訊息，可以回到生活中進行反芻反思，那麼此次占牌就可以告一段落。（對於職業塔羅占卜師來說，什麼時候結束占牌可能是由時間鐘點來決定的，不過，占卜師通常都會盡量不要在討論到關鍵事情時突然結束對話。）

結束占牌之後，可以讓問卜者做個重點記錄，看要記在腦子裡或是寫在筆記本上，接下來的幾天或幾週內可以針對這些內容進行反思。（也可以用手機把占卜牌陣拍照起來，日後做參考也很實用）。最後，由占卜師將每一張牌隨意插回整副牌，然後洗牌，讓這副牌的能量回到原始狀態，以供下次占牌使用。

◈ 為自己占牌 ◈

先前提過，以前的人認為幫自己占牌是一項不明智的舉動。不過，近數十年來，絕大多數塔羅占卜師——無論是新手還是老手——似乎都已經放棄這個觀念，不過，當你要幫自己占牌時，還是有幾件事情需要注意。

為自己占牌跟為他人占牌，兩者最主要的差別，可能在於你是否能保持足夠的客觀與超然。幫別人占卜時，我們相當容易保持客觀的角度，不會在意到底抽到哪些牌，也不用擔心這些牌在說什麼。但是輪到幫自己占卜，就完全不是那麼回事了！你可能下意識會從對自己有利的角度來解釋你抽到的牌、胡亂延伸牌義，甚至改變你平常對這張牌的解釋，讓它來符合你心中想要的「答案」。

一定要非常小心這種可能性——執意想要得到某種結果，這確實是人性的一環，但如果你無視紙牌真正要告訴你的事情，對你一點好處都沒有。事實上，如果你試圖「讓它們變成」你想要的那些意思，最後很可能會限制你對塔羅牌的理解深度，也會局限每一張牌的可能牌義解釋。

當然，解牌時的客觀程度和直覺感受力也跟你問的問題類型有關。如果你問的是屬於一般性的選擇題，尤其如果兩種選擇你都可以接受的話，那麼你通常可以比較客觀接受塔羅牌給你的特定訊息。但如果這件事跟你有切身關係，你非常在意那個結果，或是你非常希望得到某個特定答案，那麼你就很難在解牌時保持絕對客觀。

如果你發現自己占牌的目的只是為了確認你想聽到的答案，或是，你會為了得到「更好」的牌而捨棄占牌結果，然後重新再抽一次牌（我們當中大多數人一定超級想要這樣做！），這絕對是一個跡象，代表你這時候無法從自己的問題抽離出來，以客觀清晰的心態來解牌。因此，如果這時候你打算幫自己占牌，最好先處理一些跟你不是那麼切身的問題。

初學者最容易面臨到的另一個挑戰就是自我懷疑。因為要學習的牌義實在太多，突然要你解釋一張牌，很容易腦中一片空白。如果你對自己的精準解牌能力有所懷疑，這一定會為你帶來阻礙，讓你無法完全敞開自己來接收無形界的訊息。剛開始占牌時，如果你有一張或幾張牌無法給出清楚的解釋，那也沒關係，不要太在意。只要多加練習，允許自己從錯誤中學習，假以時日必有所成。

這就是為什麼，剛起步時你好能夠善用牌卡所附的小手冊，以及／或是像本書這類的塔羅解牌指南，經常查閱書上的牌義解釋，直到你感覺自己至少能夠流暢解釋你手上這副牌。千萬不要擔心自己一開始就過度依賴解牌書籍。不過，也要請你同時留一點空間給你的第六感，讓它來盡它的職責。

練習幫自己占牌，能夠為你提供一個機會，來辨識和允許自己被直覺「擊中」的那種感覺，而非僅靠頭腦邏輯來解釋一張牌。如果在你研究一張牌時，發現有某個訊息或解釋突然從你腦海「浮現」出來，請把它記錄下來，然後做一下觀察比較，這個經驗帶給你的感覺，跟你從解牌書籍中查閱牌義，兩者有什麼不同。

最後要說明的是，當我們幫自己占牌時，如果出現一些我們不想要的牌、或是認為那是不好的負面訊息，我們很自然會產生一種恐懼心理，尤其是問到一些跟未來有關的事情。事實上，這種正常心理反應可以讓我們把牌帶到對事情有利的方向去解釋，但有些初學者不太會這樣做，剛好相反，他們會在心裡預期著各種不幸的事情發生。

我要再次強調，這就是為什麼保持客觀很重要，如果你發現自己因為牌陣中出現的某幾張牌而開始情緒激動，請暫時停下來，讓自己稍微抽離一下，等到你可以跟這個主題保持一定距離後再回來。如果你有這種情形，請務必讓自己的能量穩固接地、注意力集中（前面章節提過），這樣你就不用多花心思去處理負面能量和分心的問題。

這也是為什麼，將塔羅視為一種「反映／反照」而非「預測」，這個概念特別重要。塔羅牌所反映的各種可能性，僅是依據你目前這段時間的狀況所做的呈現。它跟天氣預報不同，如果你不喜歡那些可能會發生的事情，你還是可以請塔羅牌給你建議，告訴你怎麼改變事情的發展路徑。

最後，永遠不要忘記，我們可以創造我們自己的現實——以我們對未來的願景，以我們當下的念頭慣性，也以我們的行動。我們往往無法掌控我們的環境，但我們可以掌控自己要用什麼方式來回應環境，以致最終能夠利用它們為我們帶來利益。塔羅就是一種工具，讓我們能夠得到智慧和建議，知道該怎麼做到這件事情。

◈ 掌握牌義 ◈

塔羅的解牌技藝需要靠時間和經驗來磨練。隨著時間的累積和練習，你對牌義的掌握也會愈來愈熟練——一開始可能只會熟悉經常抽到的幾張牌，最後整副牌全都不再是問題。在此之前，你還是隨時可以參考解牌指南來幫自己熟悉牌義，無論是牌卡附贈的小冊子，或是像本書這類的參考書籍。

接下來第三篇就是牌義解析，雖然是一般性的解釋，仍帶有很強的啟發性。不要覺得自己現在就必須把所有牌義都記住。一開始先挑幾張牌來了解和學習，然後跟隨你的直覺，看它會帶你去哪裡！

第3篇

牌義解析

MEANING OF THE CARDS

◈塔羅的精微妙義◈

這一篇的內容，是針對標準塔羅牌的每一張牌提供解牌關鍵字和簡要牌義描述，包括正位和逆位解釋。雖然從一般含義來說，這些解釋都是正確的，但同時也要了解，每一副塔羅牌都有它們自己對於塔羅的獨特詮釋角度，因此有可能你在這裡看到的解釋，會跟在其他地方看到的不一樣。

因此，當你拿到一副牌，一定要仔細查看每一張牌的圖案，因為圖像所提供的精妙含義和訊息，會比牌卡標題本身還要多。（由於當今各式各樣塔羅牌的圖案種類繁多，而且通常跟偉特史密斯牌的圖案完全不同，因此本書僅針對每一張牌的標題內涵來提供牌義解釋。）

每一張牌在牌陣中的位置（陣位），也會大大影響每一張牌的含義。（舉一個非常基礎的例子，一張牌擺在「過去」這個陣位，跟擺在「現在」這個陣位，在實際解牌時，它的含義絕對不會一樣，儘管解牌手冊上的解釋只寫了一種。）

此外，同一牌陣中的其他牌，也可能使得你在這本書上看到的某張牌義解釋產生細微改變或巨大變動。當你累積更多解牌經驗，你就會開始看到每一次占牌當中的微妙差異，這些細節可以幫助你判斷，一張牌該從哪個角度去解釋比較恰當。以目前來說，以下這些訊息僅是提供一個基礎起點，讓你可以從這裡開始，逐漸深入塔羅牌義的堂奧。

大阿爾克那牌

THE CARDS OF MAJOR ARCANA

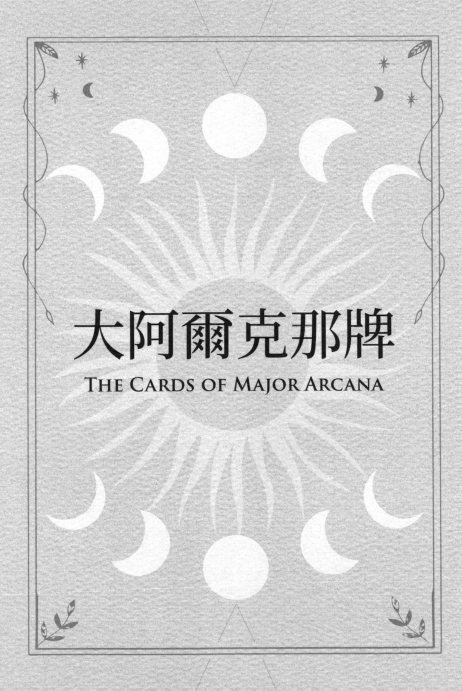

0

愚人
THE FOOL

◆

起始，旅程，大膽冒險放手一搏，純真無邪，嶄新的開始，驚奇驚嘆，想像力。一場新的冒險即將展開，沿途有許多未知的風景。這張牌代表了根本、初始、不可預測的大自然能量。這是從零出發的時刻，從這裡，愚人開始踏上他的旅程。

當你選擇往前走，需要更釐清自己的目標時，可能就會出現愚人牌。這張牌也可能是在建議你，在不確定、不穩定的環境中，要依然對自己保持真實、要忠於自己。不確定與不穩定，是離開現狀時必然經歷的現象，如果你能信賴你內在的自主權，你就能在陌生領域找到你的方向，順利前行。

你接下來所做的選擇，最後會為你的處境帶來什麼影響？有時候，這不是我們現在能知道的。放下自己所知所想的一切，甚至不要去想你需要知道什麼，這就是很好的起點。這個時候，你唯一可以掌控的就是邁出第一步。只要對你的環境保持警覺，行動之前好好想清楚，這樣就可以了。

正位：天真無邪，一個自由的靈魂，自發性和開創性，充滿熱情。可以代表一份新工作或新感情、在新的位置上重新開始，或是一次度假。

逆位：魯莽，承擔風險，整體來說很愚蠢，幼稚無知。保持開放的心態，但要謹慎行事。

I

魔術師
THE MAGICIAN

◆

意圖的力量。顯化成真的能力，準備就緒，本領才能，有力量創造變革。有能力自己創造生命中的魔法奇蹟。

作為大阿爾克那第一張有編號的牌，魔術師代表事物的起點。但是不同於愚人的「從零（無）開始」（zero point），數字一代表現在已經有一個明確想法或目標。愚人踏出第一步、展開新旅程之後，第一個遇到的人是魔術師，因為他已經啟動了魔法的力量。魔術師在無形以太層界與有形物質層界之間架起橋梁，使我們的目標得以顯化成真。

這張牌也象徵啟蒙和按自己的意志來行動，以及能夠在行動中使用技能、邏輯思維和智力。它也是在提醒我們，宇宙會將我們的每一個行動反映在更廣大的計畫中，因此我們應該以智慧謹慎引導我們的能量。將焦點放在我們渴望的結果，而非放在已經出錯或可能出錯的事情上。

正位：技能，專注，力量，行動和足智多謀。在投入新計畫時，有辦法（而且應該）利用正向優勢條件來取得成果。

逆位：猶豫不決，精力分散，混亂，計畫不周，缺乏專注力。你現在可能遇到創意瓶頸。附帶含義是，可能有操縱或欺騙的情形。

II

女祭司

THE HIGH PRIESTESS

◆

直覺，神聖女性能量，奧祕，內在洞見，通靈能力，靈性成長。在採取行動或做決定之前需要仔細思考。

女祭司代表智慧、女性能量、直覺、過去經歷、奧祕以及靈性。作為大阿爾克那牌的第二個角色，她通常出現在我們內心層面正在發生變化時，而這些內在變化，會在適當時刻呈現於外部現實狀況中。身為人類，我們每一個人都擁有自己獨一無二的過往經歷，而且我們會連結過去的記憶和情緒感受，將它們帶到我們的每一個行為和人生經驗中。這張牌的出現，就是要我們認識到這股內部力量的存在，儘管我們在意識層面無法察覺，但它確實會暗中影響我們對外部環境的反應。

在旅程的魔術師階段，我們已經設定了明確的意向，現在這個時候該做的是仔細想想，行動前該做什麼事。這張牌告訴我們，當你開始踏上這條選定的道路，你需要好好聆聽和信賴你的直覺。

正位：內在洞見，清晰的感知洞察力，直覺啟示，內在知識與智慧。這個時候，要好好感受和接收來自你的高我的訊息。附帶含義是，你可能不想顯露自己的情緒或透露自己內心的祕密，除非你知道環境是安全的，你才會表現出來。

逆位：忽視直覺，內心隱藏的動機，思維朦朧不清。可能隱瞞了一些事情不想讓對方知道，或甚至連你自己都無法察覺。若憑衝動行事，而非憑藉內心的知曉而行動，很可能會帶來麻煩。

III

女皇
THE EMPRESS

◆

主權，強大的女性能量，美麗，創造力，生育力，財富豐足，關照他人，有能力創造變革。現在是實現夢想的有利時機。

作為愚人旅程的第三個角色，女皇可說是前兩張牌所代表的創意靈感和直覺的具體實現。她教導我們，每一個人都是力量強大的創造者，有能力透過我們的思想、言語和行為來塑造現實。這張牌顯示，你正走在不斷進步的正確道路上，特別是在財富、家庭和諧以及情感滿足等方面。女皇也代表性感、美麗和優雅，並且鼓勵你在實現目標的行動過程中，莫忘欣賞這些特質。

這張牌的附帶含義是，可能跟婚姻和懷孕方面的事情有關，或是一位母親權威人物的正向影響。

正位：豐盛富足，生育力，創造力，進步。你的個人主權意識有助於你的成功。對於家庭和諧和正向人際關係方面的問題來說，這是一張好牌。在關照他人的同時，也要對自己保持真實。

逆位：創造力受阻，潛力無法發揮，缺乏安全感。似乎呈現一種能量，你不相信自己能實現你想要的目標。覺得自己有責任努力賺錢和創造其他形式的豐盛，這是好事，但不要沉溺於覺得不足的恐懼感之中。可能代表你跟你生命中一位年長女性之間有未解的議題。

IV

皇帝
THE EMPEROR

◆

主權，領導力，強大的男性能量，結構，成就，責任，安全，保護。藉由紀律和自我控制取得權勢力量。

作為大阿爾克那牌的第四個原型，皇帝這張牌與建構、成形以及穩固扎實等概念有關。如果女皇牌要教導的是「我們自己就是現實的創造者」，那麼皇帝牌要告訴我們的就是「如何藉由意圖和紀律來創造現實」。這張牌的出現，通常代表某件事情需要建立持久的支撐結構。結構能提供安全和保護，並創造一個架構，讓我們依此來實現目標。整體來說，這張牌的能量是仁慈的、充滿寬大善意的，代表一股希望看到你成功的宇宙力量。

附帶含義是，這張牌可能代表一位男性領導者或父親權威形象的人物的正向影響，你可能希望從他們身上得到指引。

正位：權力，領導力，成就，穩定，保護。運用你的個人力量、邏輯思維與自律能力來實現你的目標。能量上有利於你穩步前進。

逆位：支配，僵化，不知變通，過度控制，固執。你或其他人可能濫用紀律的能量，變成一種不健康或失衡的極端狀態。請記得，靈活變通與紮實穩固的結構必須相輔相成。你可能需要保護你已經創造出來的東西。

V

教皇
THE HIEROPHANT

◆

傳統。有智慧的導師或領導者。宗教或靈性的活動或共同體。道德判斷。遵循務實的途徑或信念。

作為大阿爾克那的第五個原型，這張牌攜帶著改變與開展的能量，而這個能量與傳統和遵從前人智慧能夠達到一種完美的平衡，彼此相得益彰。如果女祭司代表我們生命經驗當中的內在奧祕面向，那麼教皇（Hierophant 這個字在希臘語中是「大祭司」之意）就是代表它的外在展現，透過這些外部形式，我們才有機會體現我們的道德信念。這張牌提醒我們，在追求真理和智慧的旅程中，過去傳統可以成為我們的助力。遵循前人的腳步和智慧，對我們是有好處的。

不過，教皇也可能代表需要依據新的資訊或經驗，重新評估傳統與共同體的信念。人類一直在進化，它的集體智慧和道德意識也會隨之演變。當你面臨抉擇，不知是否要遵循傳統，還是與傳統分道揚鑣，請好好請教你的內在智慧導師。當你來到新的靈性成長邊緣，這張牌可能會經常出現。

正位：實用的智慧，指引，靈性開展，道德行為準則。向你信賴的人尋求建言。你可能會找到、或自己成為一位可以幫人解決問題的導師。

逆位：固執僵化的心態，獨裁，操縱。有人可能會逼迫你按照他們的方式做事。你可能需要挑戰現狀，至少在你的個人信念體系方面。

VI

戀人
THE LOVERS

◆

抉擇，決定，情感關係，愛情，友誼，激情，夥伴關係，成長，忠誠。在自己的欲望與對方的需要和期待之間取得平衡。

雖然戀人牌可以代表愛情和性，但更多時候這張牌指的是面臨艱難抉擇，這個抉擇有涉及、或會影響到其他人，或是，因為別人做出了某些決定而影響到我們。它也代表我們跟別人的交往關係會如何影響我們這一世的人生經驗。通常，當我們面臨重大抉擇、必須做出重要決定時，就會抽到這張牌，而且這個問題往往涉及我們的個人價值觀，以及這些價值觀是否與我們當前所處的環境一致。

作為大阿爾克那的第六個原型，戀人這張牌攜帶著適應新環境的能量。因此，這張牌可能代表事情突然有所變化，或是代表事情狀況逐漸明朗，一個人已經看清一段感情、或是從某個處境當中走出來。

正位：愛情，抉擇，結合，情感關係。一個人的信念和行動一致。你有能力做出正確選擇。對於愛情或情感關係的占卜來說，算是一張有利的好牌。

逆位：不和諧，害怕給予承諾，感情關係方面的問題。在兩個選項之間無法做出決定。關係上的失和，或是價值觀不合。如果是代表分手，那你要知道，最後這絕對是好事，即使你現在不這麼覺得。

VII

戰車

THE CHARIOT

◆

勝利，成就，旅程，命運，意志力，決心，自律，掌控。駕馭能量來達成目標。

戰車原型談的是推動我們人生旅程前進的諸種要素，包括決心、前進的動力、意志力和自我掌控力。作為大阿爾克那的第七張牌，戰車代表著我們擁有內在潛力，能夠透過精神靈性的探索和自我磨練，逐漸邁向完美。從表面牌義來說也可以代表旅行，但更多時候這張牌所要談的是，我們在生命道路上的自我掌控力。我們不再盲目衝動冒險，而是確立目標，堅定地走在確定的道路上。

不過，戰車牌的出現也可能是一種警告，尤其如果一件事情進展太快、動能太強時，更要小心。希臘神話中就有一段關於法厄同（Phaeton）與戰車的故事，年輕的法厄同駕著父親的太陽戰車飛越天際，但因心浮氣躁、過於自信，最後失去控制，為全世界帶來了災難。這張牌建議我們，要對自己意志力量保持敬重之心，並明智地使用它。

正位：決心，堅定主張，冒險的動力。對於人生旅程或長期投入某件事情來說，這張牌算是一張好牌。也可以代表某項特定成就或某件事情的成功獲得群眾認可。

逆位：進展停滯，缺乏控制力，沒有耐心。朝著錯誤的方向前進，掉入攻擊、自我和傲慢的陷阱。附帶含義，可以指旅行受到延誤或出現困難阻礙。

VIII

力量
STRENGTH

◆

堅韌，毅力，內在力量，臨危不亂，寬恕。

在逆境中保持鎮定和平靜。當我們面臨看似難以克服的挑戰，經常就會出現這張力量牌，來使我們安心，相信自己有辦法堅持下去。

人們經常將「力量」與「使用蠻力」相混淆，但事實上，力量是一種品德，它運用的是耐心和愛的能力，而且能夠有效馴服憤怒和凶惡的能量。這張牌的出現是在鼓勵你，要透過愛和自信，而非蠻橫之力來掌控你的生命。

這張牌也在告訴我們，要承認我們都是不完美的生命，經常為了對抗內心的欲望和本能而痛苦掙扎。因此，若要遵循符合自身最高福祉的道路，需要靠意志力和決心。這個時候，強大的精神力量或許能在你生命中發揮作用。

正位：慈悲、忍耐、耐心、勇氣、自信。你的內心早已擁有你所需的一切力量，可以抵禦眼前的任何風暴。附帶含義是，代表身體很健康。

逆位：自我懷疑、缺乏自律、軟弱。抵抗內心想要將憤怒、挫折或恐懼發洩出來的那股衝動。從長遠來看，逃避衝突或避免與人交鋒，只會讓問題更加惡化。或許現在正是時候，該好好去面對那些不健康或上癮的行為。

IX

隱士

THE HERMIT

◆

隱居，靈性追求，需要擺脫社交活動稍事休息，遵循內在指引走自己的路。

作為大阿爾克那的第九個原型，隱士攜帶著數字三的神祕能量，並且代表靈性智慧的圓滿整合。他是一位智者，不僅因為他已深究和沉思過生命的奧祕，更因為他從未停止追尋。

這張牌要談的跟內在知識與自我探索有關，它的出現是要提醒我們，在我們追求智慧與靈性成長的過程中，必須有一段時間獨自隱居。你可能需要退回到自己的內心去深思，以找出適應新環境之道，或是給自己一點時間和空間，來面對事情的新發展（無論是好的發展還是你不想要的結果）。

隱士也可以代表一個有智慧的導師，可能是你本身，也可能是你生命中的其他人。

正位：獨處，內在智慧，沉思，進入內在。一種孤獨和追尋探究的狀態，可能是指學術研究方面，也可能是靈性追求方面。附帶含義是，經歷一次生病或悲傷事件後，需要時間復元。

逆位：孤單、過度退縮、離群索居、混亂困惑。應該脫離孤單和離群索居的生活，讓支持你的人來安慰你的不愉快心情。你現在可能不想接受來自有智慧之人的實質建言。

X

命運之輪
THE WHEEL OF FORTUNE

週期循環，事情的轉變，季節變化，往好的方向前進，需要回歸自己的中心點。

命運之輪這張牌講的是，我們生命中唯一不變的真理就是——無事不在變化。作為大阿爾克那的第十張牌，它要強調的是宇宙生生不息、周而復始的能量。隨著事件或環境情勢進入尾聲，一件事情的結束也代表了另一個新階段的開展。

當你生活中出現意料之外或無法預知的事情，使得原本的計畫生變，或是必須更改路線（無論是往好的方向或壞的方向發展），通常這種時候就會抽到這張牌。無論情況是對你有利，或是讓你感到困頓掙扎，你都知道，命運之輪始終不停轉動——唯一保持不變的地方其實是輪子的中心點，而非頂端或底部。從這個角度來說，這張牌可能是要建議你，這個時候最好不要執著於想要得到特定結果。無論我們計畫多麼周到、準備多麼萬全，也沒有人能夠完全掌控事情的發展。而這張牌提醒我們，一切事物——無論是好是壞——都是暫時的。

正位：正向變化，事情不會再拖延，意料之外的好運。事情會往好的方向發展，無論是現在還是即將發生之事。可能有機會開展一份新事業，或是金錢上得到意外之財。

逆位：不穩定、意外的干擾、短暫的成功。由於有你無法掌控的外部力量出現，可能暫時會有一段時間運氣不佳。為突發事件做好準備。成果無法維持，或是先前的成就基礎不穩。

XI

正義
JUSTICE

◆

正確行動，真理，律法，公平的裁決，客觀，明辨力，尊崇你的良知。

作為大阿爾克那的第八張牌，正義帶來的是穩定和宇宙秩序的能量。它代表真理、正確判斷、決議、以及面對法律問題。當我們遭到他人反對時，要堅持做自己認為對的事情，是非常具有挑戰性的。當你需要為自己（假設你是正確的一方）和你的信念挺身而出時，通常就會出現這張牌。

正義也教導我們因果法則，以及業力的平衡作用是一種宇宙共通法則。它提醒我們，所有的行動皆有其後果。我們會受到他人決定的影響，同樣的，我們也必須承擔自己所做的決定之後果。這張牌建議你，要注意事情的細節之處，才能得到平衡公正的結論。

通常，當你對自己或他人過於嚴苛時，就會抽到這張牌。請記得，「正義」無關乎恥辱或憤怒——它要講的是「平衡」。

正位：美德，平衡，公正的評價，正確的判斷。在評估事情時，保持客觀和抽離自我很重要。關於法律訴訟、或是其他非你能掌控的決定事項，這張牌的出現對你有利。

逆位：不誠實，不公平，缺乏責任感，陷入道德困境。在這件事情當中，有人行為卑鄙。目前這件事情可能需要進一步發展，才能有清楚的態勢出現。

XII

吊人
THE HANGED MAN

◆

等待期，需要休息，事情處於停滯狀態。需要一個新的視角。內心平靜的時機。

一般皆認為，吊人是靈魂成長旅程中最重要的塔羅原型之一。這張牌談的不是關於被迫害或被懲罰——正好相反，它是在提醒我們，最艱難的時期往往能帶給我們最豐富的內在領悟，「停工期」亦有其珍貴價值。它教導我們要有耐心，等待正確時機到來。

當你被環境壓得喘不過氣、看不到前進的方向，這張牌可能就會出現。或是，前方道路出現暫時性的阻礙。這張牌建議我們，這個時候不需要對眼前這些阻礙過於緊張，或是苦苦要跟它們對抗。要相信事情正在默默進行，現在先暫時放鬆一下沒關係。

吊人牌也代表你有機會得到一個全新的視角，但唯有當你暫時保持不動、安靜下來，或許也要把之前的計畫或夢想先暫時放下，才有辦法以不同的角度來看事情。現在，你要做的是專注於當下，而非老惦記著過去，或是一直擔心接下來會發生什麼事。

正位：耐心等待、暫時停下來、放手、靜心冥想。需要暫停一下。擁抱寂靜。繼續前進之前，先確定下一階段旅程所需的東西。

逆位：害怕改變，行動的時刻，錯失機會。放下過去的想法，這樣你才能保持開放、接受新的見解。不要為了待在舒適圈而小看了自己的能耐。

XIII

死神
DEATH

◆

結束，新的開始，革新，改變，轉化，轉捩點，清理。

死亡牌的含義，從來都跟實際的肉體死亡無關。當一件事情自然來到終點，這張牌就可能會在占牌中出現，無論那是一段感情、一份工作，甚至是我們人生的某一個階段。這張牌給你的建議是，放下那些已經對你無益的東西吧！就像樹木在季節交替時樹葉會先落盡，才能騰出空間讓新葉長出來。與死神牌義吻合的另一個象徵，是神話故事中的「不死鳥菲尼克斯」*（Phoenix），每隔一段時間，牠就會引火自焚，然後從灰燼中生出幼鳥，重新復活。

這張牌接在吊人牌之後，因為我們的靈魂

學會了放下過去，以迎接新的生命。

這張牌也可以代表過去的衝突或問題得到解決。你可能正面臨一個變革轉化的過程，有一些過時的信念或陳舊的夢想需要清理。新的祝福很快就會到來，填補你現在清出的空間。

正位：結束、改變、過渡、新的開始、轉化。大掃除。清理陳年舊物。你很快就會看到，這個改變帶來了更好的結果。

逆位：停滯、能量滯塞、挫敗。由於極力抗拒改變，因而無法從某個狀況中走出來。應採取行動釋放掉已經結束的東西，這樣新的機會才有空間扎根生長。

* 譯注：東方稱為鳳凰

XIV

節制
TEMPERANCE

◆

平衡，適度，妥協，融合，團隊合作，連結感。

節制牌代表我們內心有一種需求，希望將新的想法、資訊、外部環境條件，以及（或是）靈性成長與我們的日常生活整合在一起。當我們經歷人生旅程中各式各樣的極端狀況，特別是在情感和心態方面，最終，我們取得了價值觀上的平衡。節制牌意謂著精神的內在世界與物質的外在世界相互融合，當我們努力想要將理想帶入現實當中，經常就會出現這張牌。

節制牌提醒我們，一切事物都存在著時間的同步性（synchronicity，或稱共時性），只要我們夠安定、夠平衡，就能意識到它的存在。它也教會我們去欣賞，世間萬事萬物彼此之間的相互關聯性。一方面和宇宙力量合作、一方面與其他人共同協力，無論在感情上、事業上、工作計畫上，定能因此取得巨大進展。如果你感覺自己身上出現好幾個不同方向的力量在拉扯，請暫時休息一下，並尋求他人的意見指引。在你前進的道路上，節制是你保有積極正向力量的關鍵。

正位：溝通，良好的時機，權衡，冷靜沉著。對自己和別人都要有耐心。運用你的外交手腕來協助解決雙方衝突。

逆位：不平衡，缺乏長遠眼光，沒有耐心，過度放縱。盡你所能，以健康的方式來平衡你對外部問題的反應。如果涉及金錢問題，請在情況惡化之前負起責任好好解決。

XV

惡魔

THE DEVIL

◆

選擇與後果。恐懼或擔憂。物質主義。一種被困住的感覺。自由與束縛的對照。

惡魔牌並非指基督教世界觀裡的魔鬼。這張牌真正要說的是，我們每一個人內心都有一種野性，它需要受到某種程度的「管理」，而管理的方法就是節制牌、隱士牌、正義牌當中提到的一些內容。我們的原始本性不是一種可以被強迫壓制的東西，但我們可以聰明地去運用它，讓我們在社會生活中找到正確方向。我們每一個人都擁有自由意志，可以做出正確選擇。

占卜中出現這張牌，可能代表你放任

你的自我，導致你跟宇宙產生斷聯的感覺，或許是因為你太過在意自己內心的恐懼，或是一直把注意力放在負面的東西上。有時，過分關注物質層面，會讓我們失去對事物的洞察力。惡魔牌也可能代表你有一些上癮的行為，導致你變得退縮不前，而那些癮癖你可能有意識到，也可能完全沒有察覺。

從另一個角度來說，這張牌也可能代表你過度輕視自己內在野性的那一面。如果你把自己綁得太緊，對自己的行為處處嚴加控管，你可能會變得缺乏創造力，所以，要信賴自己，別把自己逼得太緊，放鬆一點沒關係。

正位：短視近利，本能衝動，抉擇，解開束縛得到解放。根據你當前的環境條件仔細檢視你的動機。懷抱遠大的理想。

逆位：監禁，自私，執迷，拘束。你可能給了自己不必要的束縛。害怕匱乏或害怕被人批評。可能因上癮問題而困擾。

XVI

高塔
THE TOWER

◆

突如其來的變化，真相的披露，混亂，毀壞，轉變。人生重大事件。

高塔牌象徵著轉變、錯覺假象的粉碎，以及突如其來的變化。它通常是指某件事情的改變影響到一個團體或社群，但也可能是發生在你本身或你周遭人身上的個人事件。先前不被人知曉的真相會被揭露出來，或許會讓人感到不愉快，但還是需要知道真相才能解決問題。

這股能量是突然降臨的，而且可能令人感到不安甚至害怕。也許是突然失去某個職位，或是其他具有重大影響的變化。當你需要一點「動盪」，好讓自己重新回到對你最有利的道路時，宇宙就會藉由一些事件幫你「修正路線」。當你遇到這種情況，請把它當作一種正向的、充滿愛的推動力量，它的發生是為了把你推到正確的方向上。

不過，高塔牌並不一定是指實際上真的發生某件事。從精神層面來解釋，這張牌的意思是，當真理之光與更高層次的覺知意識開顯綻放，陳舊結構勢必隨之粉碎。

正位：暫時性的混亂狀態，真相的披露，轉化變型，意想不到的變化。對結果有利的暫時性動盪。你會從這件事情獲得新的智慧，供未來之用。

逆位：陳舊或停滯的能量，無視於現實，壓力大到無法再支撐。抗拒、害怕改變、不誠實，或是故意看不見，可能會使情況惡化或使你面臨失去一切的風險。

XVII

星星
THE STAR

◆

和諧，樂觀，希望，創造的力量，能量結盟，好運。朝著正確方向前進。

星星出現在愚人的旅程中，代表暴風雨過後的寧靜；經歷過前一張高塔牌事件的巨大衝擊，現在雨過天青。這張牌也算是一種獎賞，因為接受了前幾張大阿爾克那牌給出的勸告，我們改變了觀看事情的視角、釋放了陳舊的思想行為模式，這是值得獎賞之事。經歷混亂、幻想破滅、放手的過程後，一切變得清晰起來，新的澄澈洞見出現了。雖然這張牌在占卜解牌上的象徵意義可能跟過去事件有關，但焦點是放在未來，當我們被喚醒，更清楚看見宇宙的真實用意，我們對這趟旅程充滿信心。

星星牌的能量也可以代表突破性的進展，或是機會突然出現。這個時候，你擁有「無敵星星的力量」，無論你努力想要做什麼事，都會成功。不過，這種能量上的結盟狀態並非永久有效，所以不要拖延。這張牌給你的建議是，盡快展開下一步行動。

正位：靈感啟發，前景可期，正向改變，新的想法，獎勵。與創造力本源結盟。你走在正確道路上，能夠運用你的創意來實現你的願望。

逆位：氣餒，絕望，缺乏信心，創造力受阻，工作或感情上可能正在失去動力。與你的內在指引重新取得連繫，並向你信賴的人尋求協助。

XVIII

月亮
THE MOON

◆

直覺，祕密，通靈能力，隱而未顯的訊息，夢境。向無形領域尋求答案。

月亮是大阿爾克那牌當中極具神祕色彩的牌之一，因為它講的是關於通靈智慧以及幻覺假象。月亮牌連結的是集體無意識，也與我們的夢境和直覺相關聯。實體的月球本身不會發光，月光其實是月球將太陽光散射回太空的結果，而這種光只有一部分會被我們看到，因此地球上的我們看到的月亮大部分處於陰影狀態。

這張牌的出現可能是在提醒我們，就像人在肉體和情緒上都會受到滿月能量的影響，我們確實受制於許多看不見的力量，對於這些無形力量，我們能察覺的只是其中一部分而已。你可能正面臨到一種情況，有許多看不見的因素在影響這件事，其中包括別人沒說出的祕密，或他們內心隱藏的動機。

留意你的夢境，以及外部世界中讓你感覺有所共鳴的那些象徵符號和訊號，並在你尋求明確答案的過程中保持耐心。現在這個時候可能還不適合採取行動，但你可以趁這時仔細檢視一下你的選項，然後尊重你的直覺，等待進一步的訊息出現。這張牌的附帶含義可以代表旅行，無論是真正的旅行還是內在旅程。

正位：夢境、預見（靈視力）、奧祕、相信直覺。看穿事物表象。透過直覺或神聖溝通得到頓悟。

逆位：不誠實、欺騙、猜疑、幻覺假象。不相信自己的直覺。這時候環境中有太多殘留的能量碎片，讓你看不清事情。

XIX

太陽
THE SUN

◆

快樂，喜悅，成功，正向成果，自信，新點子，安全感，感恩，幸福。情況對你非常有利。所有事情都已明朗，萬物各安其位。

太陽是代表開悟啟蒙、成就、勝利和喜悅的一張牌。在歷經最糟糕最漆黑的暗夜之後，我們看見了嶄新的黎明。太陽是生命、成長與樂觀心態的源泉。帶著這股能量，我們可暫時沉浸於旅程至今得到的成就，與家人好友一起享受一下快樂時光。這張牌要談的，不是迅速往前行動，而是告訴你要好好欣賞感謝你現在擁有的一切。懂得欣賞休息時光，而且內心擁有安全感，是非常重要的一件事。

太陽牌也代表每一個靈魂在靈性追求的道路上，最終顯露的內在光明。這張牌也預示著會有新的點子想法出現，問題即將出現巧妙解方。也有人認為，占卜中出現太陽牌，代表事情沒有真的像表面看起來那麼糟——事實上一切都很順利，或者很快就會順利好轉。如果你現在沒有感覺到事情有變好的跡象，請記得，烏雲背後始終有太陽，務必耐心等候佳音。

正位：正向積極，成功，開心，溫暖，和諧滿足。一段快樂和安全的時期。一切都很美好。

逆位：挫折，延宕，沒有安全感，暫時性的憂鬱。不要把注意力放在眼前的不順利。要相信，喜悅、成功和輕鬆愉快的感受一定會再次到來。

XX

審判
JUDGEMENT

◆

評估，自我評定，回顧過去的選擇，收成，新生。

審判牌講的是關於真理、生命的更新、寬恕、自由解脫，以及更高層次的覺知意識。

愚人的旅程走到這裡，我們開始回顧先前的經歷、檢視我們學到的知識，來為下一步行動做出最有利的決定，審判牌通常就是在這個時候出現。根據我們近來的經驗來評估我們先前抱持的信念，能夠為我們帶來新的領悟，幫助我們更加了解自己的過去。這張牌也可以代表一個人的個人經驗與信念、跟他的族群或社會主流態度之間的衝突。

審判牌還有另一個含義，就是過去所做的努力已經得到回報、過去的行爲已經得到結果，現在正是收成的時候。這張牌要給你的建議是，要原諒你自己或別人所犯的過錯，這樣你才能騰出空間，讓自己在靈性上或情感上得到新的成長。如果有什麼事情需要改正，現在正是時候。唯有先放下，你才能得到赦免與新生。

正位：重生，獎賞，寬恕，清算。獎賞自己過去所做的努力，有助於你未來更加成功。做出明智的改變。

逆位：懊悔、怨恨，過去的選擇帶來不好的後果。你可能拒絕檢視你在某件事情當中的角色責任。或是，有人可能對你做出不公正的評判，你不知該如何站出來為自己辯護。

XXI

世界
THE WORLD

◆

完成，旅程的終點，成功，歡慶，成就，勝利，報償，圓滿完整。

世界牌的出現，代表著愚人的旅程最終圓滿完成。歷經無數冒險、考驗、犯錯和啟示之後，靈魂已經抵達目的地，完成最終的追求。這是一張代表幸運的好牌，攜帶著平靜、滿足、成功、與真實自我全然合一的能量。當然，靈魂的旅程不斷周而復始，因此很快就會有一個新的起點，再次重新出發。但現在，可以暫時享受一下圓滿達成目標的喜悅。

無論你的問題是人際關係、工作職業、健康狀況，還是靈性追求方面，這張牌都代表你的目標會實現。請為你的能力好好慶祝一番，你所渴望的東西，已經在現實世界中顯化成真、開花結果。

這張牌的附帶含義是，你可能會展開一趟實際的旅行，可能是工作出差，也可能單純休閒度假。

正位：喜悅，圓滿成功，目標達成。一件值得慶祝的事情。可獲得物質上的收益。目標已經實現，或是某個難題已經解決。康莊大道已經鋪成，事情即將有新的開展。

逆位：事情無法完成、殘缺的結果、事情未獲解決。還有很多事情待完成。另一種可能是，你雖然很努力，但仍無法達成結果，因為目前環境不利於這件事。

小阿爾克那牌

THE CARDS OF MINOR ARCANA

權杖牌組

權杖代表可被轉化爲行動與實現的「靈感火花」。權杖牌象徵著一種渴望，為了使事情成真，因而內心生出一種想要成長、擴展、創造和冒險的欲望。

如果一個占卜牌陣中出現多張權杖牌，代表事情可能現在剛要起步，或是目前僅是想法階段，尚未真正實現。權杖牌也代表我們內心的渴求與恐懼，因為這兩種情緒感受通常是就是我們的動力來源。

與權杖牌有關的常見關鍵詞：新的點子想法、雄心壯志、新的冒險事業、靈感、熱情、成長、擴展。

權杖一
Ace of wands

正位：靈感、潛力、新的開始、創作上的成就。

強大的靈感。你強烈感受到一個想法或點子。各種類型的新計畫和工作都取得成就。攜帶著強大動力與熱情，能量朝上和朝外部移動。這張牌的出現通常跟生涯職業或從事創意工作有關。現在是向前邁出重要一步的好時機。

逆位：缺乏動力、缺乏靈感、落後延遲。

對某件事情感覺枯燥無味或失去熱情。因工作計畫或活動進度延宕而感到沮喪，原因可能在於計畫不周。沒辦法往前移動。採取行動或展開新計畫的時機目前對你不利，但只要耐心以對，成功仍然觸手可及。

權杖二

Two of wands

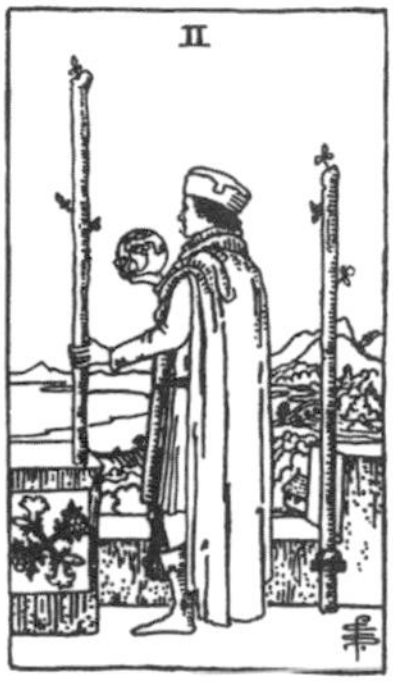

正位： 進步、規劃未來、新發現、決策、一位可靠的合夥人。

站在穩定和樂觀的視角制定未來計畫。在事業上取得助力和進展。對等的合夥關係。令人鼓舞振作的新發現。先前所做的努力會是值得的。

逆位： 計畫不周、對未知感到害怕、關係不對等。

缺乏有效的計畫或害怕前進。難以做出決定。影響力、投入度或財務資源方面都不對等的合夥人。工作量不平均（真實情況或感覺），或是不滿意目前的進度。

權杖三
Three of wands

正位：拓展、遠見、合作、創意、成功。

初步行動得到好的結果。商業上的投資冒險取得正向回報。你的努力奏效，尤其是牽涉到一些需要用創意來解決的問題。事情的發展證明你的樂觀是對的。正在進行的計畫，腳步會加快。事情要順利進行，需要其他人的合作與協助。制定或修正長期計畫的好時機。

逆位：延誤、缺乏遠見、障礙、誤解。

計畫不周詳或計畫錯誤。缺少他人的合作。因爲固執或過時的想法導致事情無法往前進展。人與人之間產生誤會（這個團體通常至少有三個人）。目前這段時間盡量保持中立，避免正面衝突。

權杖四
Four of wands

正位：和諧、穩定、成就、滿意、團隊合作。

願望達成、滿足和諧。財富穩定。先前的努力現在得到值得慶祝的回報，無論是一般工作或跟創意有關的事情。與他人合作達成工作成效。內心的喜悅讚頌感，知道一切都很順利。有時代表愛情或婚姻。

逆位：延誤耽擱、雜亂無章、不滿意。

對自己努力的結果感到不滿意。感覺成功總是遙不可及。一項尚未完成的計畫目前停滯不前，可能因為有人沒有盡到自己本分。把注意力放在你可以採取的行動上，不要把眼光放在無用的事情。你所抵抗的東西會持續纏著你。

權杖五

Five of wands

正位： 競爭、意見分歧、團隊合作、勤奮用功、努力協調。

合作是一種挑戰，但在這個時候是必要的。感覺與別人不和，尤其是工作上或需要共同協力的事情。願望或意見相衝突。團隊需要重組或與其他人達成共識。滿腹雄心壯志和耐心等待適當時機，兩者之間無法取得平衡。留意細節，而且不要放棄。渾沌不明造成的不舒服感能帶來成長。

逆位： 情勢非常緊張、激烈爭吵、衝突、頑強固執。

對峙的情況比正位牌更激烈、更嚴重。處理團體中的激烈對立或頑強難解的情況。複雜的糾紛。遭受到不公平的判決，或是原本正常的情勢發生動盪，必須承受這個動盪的後果。心裡必須接受對方無論如何都不可能改變。盡量讓自己不要心懷怨恨，因為那無法幫助我往前走。

權杖六
Six of wands

正位：勝利、成功、受到大眾認可、對自己的進步信心十足、獎賞報償。

經過辛苦努力與克服障礙後，終於贏得你應有的勝利。好消息、成功完成手上的任務。短暫停滯之後繼續向前邁進。你的成就可以獲得回報或得到大眾認可。若有法律糾紛、合約延期或工作上的難題要解決，現在是有利的時機。你已獲得成功，理應得到回報。

逆位：失望、自大自負、缺乏自信。

事情沒有成功，可能因為高估了自己的能力。覺得自己被看輕，或是沒有得到應有的認可。沒有安全感。計畫全面延宕。複雜難解且根深蒂固的障礙。在採取更進一步的動作之前，需要釐清盲點和重新布局。

權杖七
Seven of wands

正位：競爭、克服挑戰、防守上的優勢、自信、力量。

某個人或某件事情激起了一股活躍能量。比對手有利的優勢。受到他人的挑戰或反對，但具有取得勝利所需的經驗和能力。挺身而出捍衛自己和某個信念。明智地選擇戰場。有能力擊敗困難。雖然受到批評或反對，但最終得到成功。

逆位：僵持的局面、不堪負荷、自我懷疑、抵抗、投降。

與他人溝通或談判時陷入僵局。在集體糾紛衝突中被忽視或被否定。懷疑自己是否有能力堅持下去。陷入無法解決的紛爭。如果從長遠來看，離開會比較好，那就需要認清事實，是否有必要堅持下去。

權杖八

Eight of wands

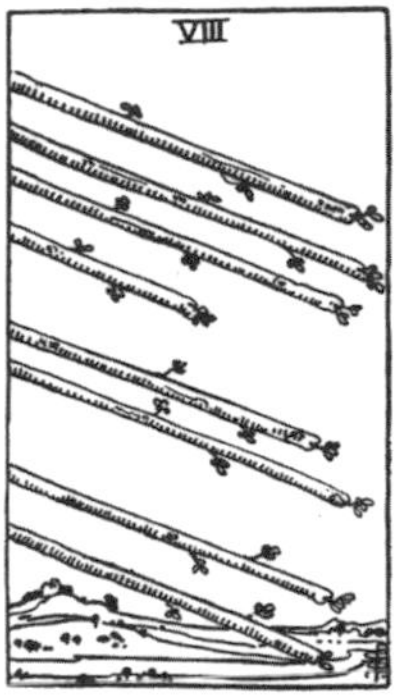

正位：變化、旅行、快速移動、機會、同時做多件事。

這段時間有多件事情同時在進行。在一段時間的等待之後，開始往前移動。突然往目標方向快速進展。同時兼顧多項工作。需要同時做多件事。重要消息的到來。附帶含義：可能展開一次旅行。

逆位：不堪負荷、狀況不穩定、延誤、進展緩慢、明辨力。

因為同時發生太多事情而難以負荷。被突如其來的改變或事情變化太快弄得措手不及。意料之外的延誤。潛在的機會具有不確定性。不要為了趕快解決問題而倉促做出決定，這個時候靜心等待對你比較有利。

權杖九
Nine of wands

正位：助力、堅持、勇氣、保持警覺、足智多謀。

計畫即將實現。即將得到增援來協助完成任務。心裡要知道，支持的力量隨時都在。覺得需要去保護某人的計畫、某件事情的進展或創作。對於可能遇到的難題已經有所預測，而且做好了準備。保持警覺並堅定捍衛的決心。把你的精力用在考量實際問題，而不是用來擔心未知的事情。

逆位：防衛、懷疑、威脅、缺乏持續力。

對別人過於防衛或多疑，性格上可能太過偏執。過去不好的經歷可能影響了你對現在的感覺。由於過去受到某種傷害，導致無法看到事情的全貌。由於莫須有的不信任，而變得綁手綁腳。生涯職業或事業上的安穩狀態可能受到威脅。雖然目前暫時取得進展，但缺乏能量或動力來持續某些計畫。

權杖十
Ten of wands

正位：沉重的負擔、工作過多、不平衡、決心、成就。

有工作狂的傾向。工作和休息時間無法維持平衡。讓事情變得比原本狀況更難處理。對別人的工作管太多，很多事情根本沒必要插手。需要把事情分派給別人去做，以及（或是）尋求協助。有強烈的決心與渴望，想要靠自己的力量得到成功。有自信也有能力，但有時太過急切。在早期的塔羅占卜中，這張牌是代表現在這個時候可能無法有明確答案。

逆位：不堪負荷、精力耗盡、責備他人、自欺欺人。

情況比正位牌還要糟糕。精力完全耗盡而無法繼續進行。承擔的事情超出你能力所能負荷的範圍，但你卻將自己的決定歸咎於別人。沉溺於殉道心態。對這件事情負起你該負的責任，確認自己從現在開始可以做什麼改變。成功經驗要更上一層樓，往往需要調整戰略。

權杖侍者

Page of wands

正位：樂觀、熱情、新發現、雄心壯志、小心警覺。

對目前手頭上的任務充滿熱情而且活力充沛、躍躍欲試。關於新的機會或是目前進行的事業，會有好消息出現。關於下一步該怎麼走比較理想，可能正在尋求指引。一位個性外向或樂觀的人。一位足智多謀、創造力豐富又積極進取的人。要小心是否一頭熱，光有熱情但沒有後續行動。做出承諾之前，要好好檢視自己的狀況並調查清楚可行的機會。

逆位：悲觀、小氣、挫折、操縱、缺乏方向、愛八卦。

對於一個值得追求的目標無法升起熱情。從合理的懷疑變成完全失去行動力的悲觀主義。一個氣量狹小而且／或是喜歡搬弄是非的人。輕浮。流言蜚語或惡意言論可能正在散播。抗拒誘惑不想加入某團體。

權杖騎士

Knight of wands

正位：熱情、激情、活力、急躁不安、冒險性格。

向前移動。可能有新的冒險事業出現。帶著充沛活力和熱情尋找新的機會。將計畫、技能或經驗提升到一個新的層次。即刻行動，通常是為了應付突如其來的變化。一個迷人、富有冒險精神、有遠見、甚至是大膽的人。行動上可能太過急躁或草率。

逆位：精力渙散、衝動、沮喪、拖延、不真誠。

能量上是往前進，但尚無確切結果，特別是跟求職有關的事情。對於某件事情的起頭感到慌張焦慮，可能還沒做好準備。目前這個時候一定要留意細節。一個過於強勢的人，無論是在感情上、在生意上，還是在家庭互動中。

權杖王后

Queen of wands

正位：成就、活力十足、沉著自制（自我控制力強）、激勵人心、樂觀主義。

一件進行已久的事情或遠程目標已經達成。創造力旺盛。一位充滿活力又鼓舞人心的人。一位務實、有才華、有自信的人。一位擁有仁慈、忠誠、可靠、溫暖、以及／或是樂觀心性的人。能夠提供良好建議的人。

逆位：輕忽、不可靠、不感興趣、批評。

一件工作項目或目標因爲缺乏人們的支持承諾，導致面臨阻礙。不夠務實。對目前的工作任務興趣缺缺。某人提出批評是基於卑劣的惡意心態，而非真心想要幫助對方。嫉妒別人的成就。

權杖國王

King of wands

正位：心滿意足、智慧、遠見、領導力、榮譽感、慈悲心。

一種對於事情的進展和成就感到心滿意足的能量。可以藉由自己的豐富經驗提供他人建議的人。一位擁有可靠、智慧、誠實等性格特質的人。天生的領導者，可以激勵與鼓勵他人，而且做法創新。可能代表一位父親形象的人物。

逆位：負面消極、控制、不為他人著想。

一種不寬容和氣量狹小的能量。負面消極的想法和心態。這段時間可能會面臨談判或協議上的困難。行事霸道、掌控欲很強的人。把他人的努力一筆勾消。有扼殺創意的傾向。

聖杯牌組

聖杯牌代表愛情、人際關係、情緒感受、創造力、直覺以及想像力。當我們對意念想法、事件和環境做出情緒上的反應，我們當時的狀態就屬於聖杯牌的能量。

一個占卜牌陣中出現多張聖杯牌，意謂著影響我們當前狀況的主要力量是來自情緒感受和直覺。聖杯牌通常代表跟我們的心以及（或是）跟心靈感受力有關的事情，也可能表示我們需要對別人保持心態上的開放，或是建立有效的人際邊界。

與聖杯牌有關的常見關鍵詞：情緒感受、欲望、內在經驗、人際情感關係、直覺、創造力。

聖杯一

Aces of cups

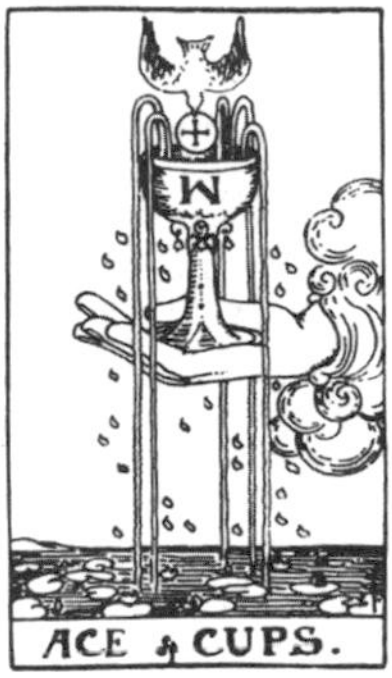

正位：愛情、新的情緒經驗、創造力、通靈能力。

能夠得到情緒上的快樂與滿足感。一個嶄新的開始，可能是一段新戀情，或是過去讓你心碎的感情得到療癒。幸福喜樂感。建議你要提高自己的接受度，無論是在愛情和／或友誼中可能出現的新感受和新的相處方式。也代表精神靈性／超自然力量的連結，以及新的創意流動——你在這些領域的潛能正等著你主動去領受。也可能代表懷孕或生小孩。

逆位：壓抑或受阻的情緒、創造力停滯。

情緒上的阻塞可能會讓愛的感覺無法生長，導致感情停滯和空虛狀態。擔心自己是否有足夠的時間或精力與你所愛的人相處。可能是一種警告，提醒你在心靈精神層面可能太過敞開，需要設立能量邊界。也可能暗示生育方面遇到困難。

聖杯二

Two of cups

正位：快樂、夥伴（伴侶）關係、人際情感關係、溝通、和諧。

一段讓人愉快、能夠得到情感回報的夥伴關係正在發展，無論是指愛情、友情、工作，還是生意事業方面。創造力的流動非常順暢，雙方溝通良好。可能代表兩人之間的婚約或是其他讓雙方都開心的協議約定。也代表寬恕的益處，能使雙方相處更加和諧。內在情緒非常平衡，有一種幸福的感覺。

逆位：不和諧、關係上的不平衡、分離、溝通不順暢。

在夥伴（伴侶）關係中，其中一方可能不願意給出承諾。溝通失敗，導致嫉妒心理或其他形式的分歧分裂。沒辦法原諒對方，或是無能力做出彌補。違背自己真正的感受。

聖杯三

Three of cups

正位：友誼、開心慶祝、共同體、創造力、成長、療癒。

一段快樂時光和慶祝期。覺得全身恢復活力，身體和情緒都煥然一新。某件事情得到正向結果，特別是疾病或受傷得到康復。創造力爆發。一群朋友或家人之間相互支持。可能代表小孩子即將出生，或是新的工作計畫開始有了眉目。

逆位：創造力受阻、孤立隔絕、背叛。

覺得被人忽視或不被重視。由於情感上的衝突而與朋友或家人分開。因當前情勢和創造力受阻而感到失望沮喪。精神萎靡沒有活力，可能健康方面出了問題。感覺自己跟別人的幸福完全隔絕。

聖杯四
Four of cups

正位：沉思、重新評估、感覺無聊、分心、有機會看清真相。

過去讓你感到滿足的東西，現在覺得不足、想要更多。物質需求得到滿足，但情感或創造力的需求現在需要關注。一段關係可能開始出現單調無聊的狀況，連帶可能在考慮是否繼續交往。你可能因為分心或心事重重，而錯失機會或錯過宇宙傳送給你的訊息。

逆位：提不起勁、麻木無感、抑鬱、逃避。

比正位牌的情況還要糟糕。這段時間完全提不起勁、感覺很疲勞，沒什麼事情能滿足你。情緒上極度倦怠，感覺孤立和／或沮喪。也可能代表身體健康狀況不佳。一段關係可能陷入停滯狀態，甚至感覺窒息。拒絕承認遇到問題，一直轉移注意力、逃避自我反省。關心一些有創意的東西，無論看起來多麼微不足道，有助於打破死氣沈沉的能量。

聖杯五

Five of cups

正位：失望、失落、無法往前進、遺憾懊悔、不快樂。

需要釋放舊有情緒，找到新的視角。對整個環境感到失望。無法把注意力放在正面感受，沉溺於過去感到失望或已經失去的東西。這張牌可能代表與人相處不愉快，可能是愛情，也可能是友情，或是對過去的行為感到遺憾懊悔。讓自己遠離負面的情境或人群。沉溺於過去的錯誤，可能會阻礙你獲得新的機會。要多點耐心，把眼光放在順利的事情上。附帶含義，可能牽涉財產繼承問題。

逆位：接受、繼續前進、寬恕、療癒、希望。

情感創傷正在癒合。你有能力放下過去讓你感到失望之事，騰出空間，讓新發生的好事進入你生命中。寬恕過去的傷害或不公平對待。原諒自己。做出必要的改變，帶著樂觀心態往前走。

聖杯六
Six of Cups

正位：幸福感、團聚、往事、懷舊、童年、從經驗中得到好處。

過去經驗對現在有正面影響。和老朋友、舊識或舊情人重聚，但通常時間很短暫。美好的回憶。感謝過去經驗學到的一切，既開心又充滿挑戰。重新跟你的內在小孩連結，對事事驚嘆好奇。跟小孩子或童年有關的事情。

逆位：憂傷、困在過去、不切實際、多愁善感。

對過去的事情記憶錯誤或過度感傷。困在過去，無法接受現況。無法利用機會發展新的關係。一段似乎沒有未來的合夥關係、戀情，或別種關係型態。

聖杯七
Seven of Cups

正位：選擇、機會、不確定狀態、不切實際的想像。

處於不確定狀態，有很多可能的方向可選擇。有很多機會或邀約出現，可能指愛情，也可能指創意工作方面。有些東西具有極大發展潛力但尚未成真，另一些東西則是好到令人難以相信是真的。需要避免基於不切實際的期望做出不明智的決定。需要整合你的心、直覺和頭腦以做出最佳選擇。

逆位：優柔寡斷、困惑迷惘、自我欺騙、幻想、逃避。

因為選擇性太多，感到壓力很大、優柔寡斷或焦慮。過於依戀某個特定關係、情況或想法，而無法意識到問題或困難的存在。虛假的承諾。心與頭腦脫節（情感和理智不一致）。躲進幻想或虛假的世界，逃避不想做艱難的選擇。忽略直覺。

聖杯八
Eight of Cups

正位：轉捩點、沉思、尋找意義、繼續前行。

為了讓事情更好，決定做出改變。拋棄某樣東西，可能是一份工作、一個家、一段關係，或是老舊的思想或行為習慣。決定繼續往前走，雖然可能會失望或遭遇失敗，但仍有助於正向成長。深思自省和找尋願景。渴望在精神上過得更滿足充實。親近大自然，有助於你釐清情緒感受，使心境恢復澄淨清明。

逆位：拋棄、失望、不想要的改變、絕望、判斷力不佳。

對一段關係或生涯職業的結束感到深深失望。感覺被某人拋棄，或對你無法掌控的環境感到失望。沉溺於事情的不幸發展，使你看不見正向機會。選擇待在不健康的情境或行為中，不願去面對變化帶來的不舒服狀況。

聖杯九
Nine of Cups

正位：願望實現、幸福、安心舒適、令人滿意的關係。

願望成真、心想事成。現在被幸福和滿足的感覺占據。心裡不再擔憂，也不再有情緒困擾。心靈直覺能力得到增強。好消息、健康狀況良好、情感滿足，尤其在感情關係方面。感覺有好事或奇蹟會發生。知道事情會往好的方向發展，即使你現在感覺不到。把注意力放在正向積極的一面，能讓你夢想成真，特別是在這個時候。

逆位：不滿足、貪婪、自私、不負責任。

一種警告，不要放縱你的自私、貪婪或驕傲之心。自私自利的心態嚴重破壞你的戀愛關係或友誼，造成情感上的傷害與失和。過分關注自己的利益而犧牲了他人。不負責任和糟糕的選擇，導致結果令人不滿。覺得願望永遠不會實現。

聖杯十

Ten of Cups

正位：愛、喜悅、幸福、滿足、家庭、安心感、和諧。

覺得人生活得很有意義。自我肯定而且感覺與人緊密連結。愛情、友情和／或親情都圓滿健康。情感上得到支持而且感覺幸福。很安穩，特別是在家庭內。愉快、滿足、一種圓滿的感覺。人際關係與群體活動都平安且和諧。久別重逢。可能即將進入婚姻或即將生孩子。

逆位：分裂瓦解、不和諧、家人爭吵、不穩定。

家人之間或在其他團體內部會出現暫時的不和諧或不穩定。原本平靜的時光突然中斷。一段關係破裂。感到孤單或孤立或跟家人距離遙遠。這段時間不適合參加或舉辦群體活動。在錯誤的地方尋找情感支持。自尊和自我價值要從自己內在去建立，而非從別人那裡獲得。

聖杯侍者

Page of Cups

正位：創造力、指引、友誼、浪漫、連結。

在關係上有好消息，可能是一段新的戀情或友情。一位值得信賴且貼心的朋友。在情感問題上尋求或提供指引。可能基於療癒目的，需要有一個展現創造力的出口。有藝術才華和欣賞能力。充滿年輕朝氣的能量，有利於創意表現和提升直覺能力。一位有創造力、情緒感受力很強，又有點神祕的人。可能透過夢境或占卜得到一個訊息。

逆位：創意受阻、情感不成熟、挫敗感。

正面自我表達有困難的一種性格。無法發揮內在創造力。不成熟的能量狀態，像是兒童或青少年想要別人注意。一種空想而渙散、目標不明確的能量狀態。在戀愛方面可能需要更腳踏實地一點。

聖杯騎士
Knight of cups

正位：浪漫、調情、深情、強烈的情感、夢幻、靈感。

強烈的感情衝動，經常出人意料。情感很強烈。可以代表一段新的、突然發生的戀情，或是有人提供對你有利的東西。創造力和靈感激增。一種快樂慶祝的能量，能激起人們去參與社交和與人同樂。一個很會打情罵俏、熱情、有點夢幻，甚至戲劇化的人。在這種能量影響下展開的戀愛，可能激情十足而且讓人非常愉快，但可能維持不久。

逆位：不切實際、喜怒無常、不真誠、欺騙、空虛遺憾。

由於事情發生得太過突然，或是向來不夠踏實，導致情緒波動很大。一種違背承諾和欺騙的能量。代表一種人，外表看起來很討人喜歡，但應該對他講的話有所保留。對於一段激烈的戀情到後來變成一場空，內心感到遺憾。

聖杯王后
Queen of cups

正位：慈悲、直覺力、情緒商數很高（EQ）。

精神上的強烈連結感，可能對特定某個人。受精神能量劇烈影響的一段時期。一位有耐心、同理心、直覺力很強、情緒也很平穩的人。天生喜歡照顧別人、具有成熟母性能量的人。一位表現出慈愛、關懷和／或浪漫心性特質的人。在制定計畫時會考慮到家庭和／或社群團體的需求。

逆位：情感上覺得沒有安全感、喜怒無常、相互依賴、情感氾濫。

把別人優先擺在第一位，已經到一種適得其反或不健康的程度，或許是因為不想去面對自己的問題。被感覺、情緒和／或心理感受吞沒、壓垮。將一件事情過度浪漫化，無法帶著批判的眼光去看它。一個強烈需要別人感情、將別人能量榨乾的人。

聖杯國王

King of cups

正位：歡欣滿足、福分、慈悲、建言、情緒平衡、富有靈性。

充滿祝福與美好的感覺。一種普遍而且強烈的感覺，覺得一切都很好很順利。一件值得大大慶祝的事情。一種帶有仁慈寬厚力量的影響力，可能是一位有智慧又有慈悲心的諮商顧問或是治療師。一位可以提供以情感為導向之建言的人。一位擁有榮譽、奉獻、溫暖熱情和／或仁慈心性品質的人。一個忠誠、可靠、體貼的人。對於靈性面的覺知意識和連結已具備完整知識或技能。

逆位：麻木不仁、精神上的隔絕、墮落腐敗、自私、操縱別人情感、情緒不穩定。

與自己的感受隔絕和切斷靈性上的連結。可能變得腐敗墮落。基於私我而非出自真正良心的建議。情緒不穩定或控制欲很強的人。有可能做出破壞性的行為。

寶劍牌組

寶劍牌代表具體行動、運行移動，以及讓意念想法在物理現實中成真成形的方法手段。寶劍牌代表的是理性邏輯，而非情緒感受，而且通常象徵著砍除虛妄幻想、磨礪智力和智慧。寶劍牌的出現是在建議你，要使用理性而非專注於情緒感受來解決問題。

一個占卜牌陣中出現多張寶劍牌，可能反映出一件事情在邁向最終結果的過程，目前正處於活動力極強或混亂騷動的狀態，而且（或是）在告訴你，採取行動之前要仔細考慮清楚。

與寶劍牌有關的常見關鍵詞：行動、運行移動、掙扎奮鬥、衝突、戰略、責任、清晰。

◆

寶劍一

Ace of swords

◆

正位：勝利、進步、心智頭腦清晰、突破、正義。

可能有所行動、得到突破、明晰、成就。一股強大的動能，將導向成功。智性思考的能力。你有清晰的頭腦，可以就下一步要採取的行動做出明智決定。需要專一明確的行動來面對挑戰，但最終會戰勝阻礙，取得勝利和突破進展。衝突得到公正的解決。

逆位：停滯不前、缺乏清晰度、不公平的交易。

因缺乏動力而失敗或感到沮喪。行動受到延誤耽擱。思想混亂或混沌不清。精神疲憊虛脫。過度沉湎於無用的東西，會讓你看不到可能的解決方案。在當前的問題暫停一下，不要讓你的輪子空轉（勞而無功）。可能有不誠實或不公正的交易發生。

寶劍二
Two of swords

正位：選擇、猶豫不決、陷入僵局、休戰狀態。

人群、內在自我或思想觀念之間的競爭。無法做出決定。無論情緒感受如何，都需要談判和妥協。保持客觀現在特別重要——要願意在你本身的需求和其他相關者的需求之間找出平衡點。衝突極有可能化解。

逆位：混亂困惑、懷疑、背叛。

缺乏信任，可能因為合作夥伴當中有隱瞞欺騙的情形。帶有一種利用戲劇化情緒來操縱的氛圍，而非直截了當坦率面對。不願意妥協。對先前的決定感到懷疑，屈服於恐懼心理。

寶劍三
Three of swords

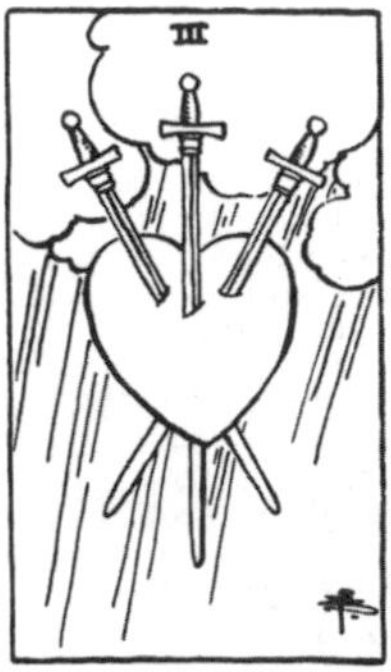

正位： 悲傷、失望沮喪、放棄、堅忍不拔。

因為出現不想要的結果，導致幻想破滅甚至悲傷至極。需要根據事情的意外發展和負面演變重新做出評估。面對未知。需要避免被負面思想困住。接受目前這個狀況，知道會有更好的東西出現，來取代失去的東西，並且持續穩步向前。

逆位： 掙扎奮鬥、迷惘困惑、混亂。

戲劇化轉變和動盪。因為意料之外的事件導致混亂。因猶豫不決或害怕犯錯而動彈不得。努力擺脫一份不符期待的感情或承諾。

寶劍四
Four of swords

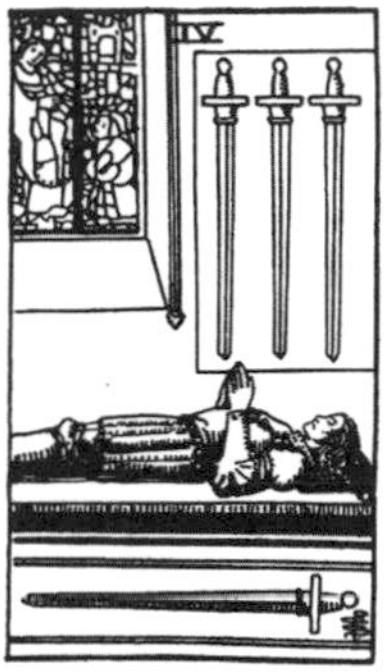

正位：恢復、沉思、放鬆、假期、休息。

經過一段時間的劇烈活動和／或壓力後，進入一段平靜和恢復期。在做出重大決定或嘗試解決問題之前，需要暫時停下腳步。跟難以解決的事情暫時保持距離是需要的，這樣你才能對整件事情進行客觀分析。從平時照表操課的生活中暫時休息一下，幫自己充充電。也可能意指生病需要休養復元。

逆位：生病、中斷、疲累不堪、過度警覺、逃避。

因為生病或其他意料之外的發展，你可能需要從平常的生活模式中暫時停下來休息一下。因環境因素感覺自己與他人隔絕。太過投入一件事情，讓你感到疲累不堪。可能有焦躁不安或失眠的情形。有過度警覺的傾向。也可能意指將問題放在一邊不想去處理。

寶劍五
Five of swords

正位：緊張狀態、衝突、失敗、調整觀點、見真章的關鍵時刻。

警示。因為事情有新的演變，需要迅速調整觀點。心裡要接受，眼前的問題或衝突無法有令人滿意的解方。你可能需要認賠殺出，然後繼續往前走。從失敗中學習的機會。面對逆境需要勇氣和自信。明智地選擇你的戰場。

逆位：故意看不見、被小我支配、背叛、停滯不前。

由於害怕承認錯誤而陷入衝突。想要不惜一切代價取勝。聽信小我（ego）的聲音，而不是用理智去做判斷。害怕被批評。衝突局面中的某個人可能會背叛其他人或背叛他們自己。因為害怕失敗而沒辦法往前進。

寶劍六
Six of swords

正位：得到改善、困難結束、恢復平靜、必要的過渡期、一次旅程。

經歷一段長時間的艱難困境，終於恢復和諧平靜。事情可能還沒有全部完成，但現在正在穩步往前推進。有辦法及早止損、認賠殺出，以進入更好的狀況。把麻煩事拋在腦後，可能是透過換工作或搬家。即將到來的某種旅行。

逆位：動盪不安、被迫做改變、沉溺於失去、騷亂劇變。

環境的改變超出某人所能掌控，可能導致迷失方向或動盪混亂。沒有止盡的艱難困境使人疲累不堪。事情的進展發生耽擱，或是看不見進展跡象，因為太過專注於剛發生的損失。在毫無心理準備的狀況下被迫搬家或尋找新工作。

寶劍七
Seven of swords

正位：清晰洞見、手段策略、自信、狡詐、鬼鬼祟祟。

追求一件事情的真相。尋求或接受明晰洞見。事情的新發展可能需要調整策略，但靠著機靈的計畫克服障礙或掃除反對意見，使事情得以順利進行。在爭執中仍保持禮貌和自信，但要注意是否有不老實的情形。這個時候最好不要公開你的計畫，把資源留給自己才是明智之舉。

逆位：迷惘困惑、祕密、背叛、膽怯、猶豫不決。

無法看到清晰的路徑或下一步動作，可能由於對方隱瞞的什麼事情。有人可能出於自身利益而試圖強迫做出決定。現在最重要的是聆聽你的直覺。可能有竊取、欺騙或背叛的情形發生。不要讓任何人說服你去做任何你完全沒有共鳴的事情。要勇敢站穩你的立場。

寶劍八

Eight of swords

正位：盲目信任（全權信賴）、耐心、療癒、正確時機、拘束。

需要相信正確時機並堅持到底。結果或答案仍然隱而未顯。需要耐心，可能指生病或受傷之後的復元。覺得被當前的情勢困住了。不要太過急躁行事，或倉促做出不符你長期利益的決定。

逆位：懷疑、悲觀、自我設限、自責。

被負面思想困住，或因為習慣把事情做最壞打算而動彈不得。讓內心的疑慮阻止了前進的行動。因為草率下結論或太早採取行動感到懊悔。過於內疚和自責，以致無法找到解決問題的方法。需要原諒自己。

◆

寶劍九

Nine of swords

◆

正位：焦慮、壓力、毫無根據的恐懼心理、噩夢。

理性客觀和恐懼心理在腦子裡面拉扯戰鬥。就事實來說，那些恐懼是毫無根據的，或至少是被過分誇大了。意料中的糟糕結果。因為擔心一些事情而導致失眠或做噩夢。現在這個時候，盡量不要再去想這個問題。取得某個新觀點，讓你能夠帶著自信積極採取行動。

逆位：絕望、煎熬折磨、受害者心理、心裡害怕的事情果真發生。

比正位牌的情況更糟糕、更嚴峻。內心充滿恐懼或絕望，以致根本不可能有正向積極的想法。陷溺於受害者角色。強烈執著於負面結果，很可能導致事情真的往壞的方向發展。不要一直鑽牛角尖，使得問題更加惡化。承認最壞結果已經發生，然後想想你需要改變什麼才能繼續往前走。

寶劍十
Ten of swords

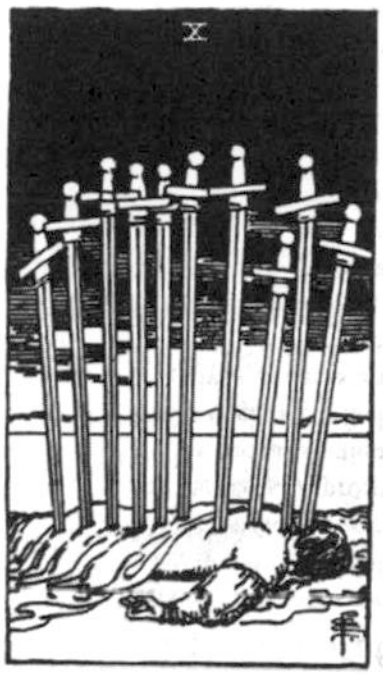

正位： 煩惱紛爭結束、結局已定、解脫、平靜、走出困境繼續前進。

一場衝突終於結束，或是棘手的問題終於解決。可能有、也可能沒有勝利的感覺，但無論如何事情總算告一段落。需要放下對過去這段掙扎搏鬥的負面情緒，接受最終結果。如果有任何事情需要療癒或復原，現在可進行。這張牌也是一種提醒，要把事情做個了結，才能有全新的開始。

逆位： 挫敗、失利、戲劇化或殘酷的結局、沒辦法繼續前進。

一場慘烈的挫敗已經發生，但現在最糟的情況已經過去。要接受新的現實，以便重新整裝、繼續前進。暫時休息一下，先療傷，靜待時機成熟，帶著清明的神智從零出發，重新開始。這張牌的附帶含義是，要防止一個社群（你的朋友或同事）分裂解體，即使最後你會從這件事得到好處。

寶劍侍者
Page of swords

正位：好奇心、理智、有見解、委婉的方法手段、真相。

接受新的教導或訓練。正在當學徒或學習其他技藝。一位充滿好奇心、有決心、理性邏輯、自信和／或誠實、但個性衝動的人。說真話時要講究方法、委婉一點。令人難以接受的真相。要接受殘酷的事實才能繼續往前走。對於喜歡八卦、立場不同或動機不真誠的人要保持警覺和謹慎。

逆位：容易上當受騙、事情未完成或半途而廢。

對於某項工作項目或學習計畫過早失去動力。難以查明或難以確定一件事情的真實情況。在一種刻意欺騙的氛圍中試圖找出真相。要小心，有人會故意透露隱微的錯誤訊息給你，或是隱瞞重要訊息，要慎重考慮重新訂定合約。

寶劍騎士

Knight of swords

正位：發現真相、聰明理智、有能力、行動敏捷。有敏銳的眼光能看到重要細節。尋求理性與合乎邏輯的方法來解決困境。

突如其來的動作或迅速行動。一位精力充沛、專心致志而且果斷的人。勇氣和決心。可能意指某人貿然行動往目標衝去，但沒有先考慮所有可能結果。

逆位：魯莽、衝動、急性子、不顧後果。

沒想清楚就貿然行動。不受約制的能量。一位脾氣暴躁且個性非常衝動的人。毫不在乎自己的行為對他人造成的後果。為了挑釁而製造混亂。

寶劍王后
Queen of swords

正位：獨立、有見解、客觀、理智。

砍掉不再有益的東西，無論是一段感情、一項計畫還是思維習慣。突然頓悟深刻的道理。戰勝艱難障礙。採取有組織、客觀、有條理的方法來處理工作任務和項目。一位能夠示範力量、耐心、聰明、智慧和／或機智的心性品質的人。一位忠心耿耿但同時也保護他們自身利益的人。也可以代表一位寡婦或成熟的單身女性。

逆位：孤立、控制、操控細節、冷酷無情。

很獨立，到幾乎孤立的地步。因為想要自己掌控一切，而拒絕讓其他人為群體做出貢獻。過度依賴理性頭腦，沒有聆聽心的聲音。沒辦法從更寬廣的角度來看問題。一位有控制欲、霸道，甚至可能冷酷無情的人。

寶劍國王

King of swords

正位：理性、知識淵博、委婉的外交手段、擅長分析、見解觀點。有辦法全面了解複雜的情況。理性、超然、不偏不倚的觀點。

一位表現出獨立、權威、權力和／或果斷力的人，但同時也具有委婉的外交手段。一個知識淵博、深思熟慮而且敏銳鋒利的人，具有強大的理性分析能力。職業通常是法律或政治方面的專業人士。這張牌的附帶含義，可以指法律或合約方面的事情，或是官方文件。

逆位：失去觀點和立場、殘酷、無情。

可能因為對一個問題過度思考，導致失去觀點和立場。沒辦法看見你眼前的事實。缺乏體貼之心或缺少感情，可能導致行事殘忍無情。反對和對抗。不惜一切代價一定要贏的心態。

錢幣牌組

錢幣牌代表事物顯化成真，這個牌組涉及的是物質層面的各種議題。雖然通常跟家庭和金錢事務有關，但也是在提醒我們關於平衡、權力、控制，以及才能和資源的使用技巧等方面的問題。

一個占卜牌陣中出現多張錢幣牌，代表某個結果可能正在成形，或已經實現。這個牌組裡面有好幾張牌都跟辛勤工作後的獎賞有關，有些牌則強調人們心裡對於物質上的不安全感懷有恐懼。

與錢幣牌有關的常見關鍵詞：顯化成真、實現、開花結果、明證、富裕繁榮、安全感、獎勵。

錢幣一

Ace of pentacles

正位：物質成就、願望實現、繁榮富裕、滿足。

有潛力得到豐盛財富、物質生活無憂和安全感。獲得經濟收益和／或改善生活條件的新機會，例如購買房產。一段生活舒適富裕的時期，而且有利於開創新事業或從事新生意。永遠不要懷疑你實現自己願望的能力。代表身體健康和生活幸福。

逆位：失去機會、財務損失、風險、不順利。

由於外在因素或超支，金錢方面可能出問題。在物質生活方面，計畫可能不夠務實。在財務或職業方面，現在都不是冒險的有利時機。身體健康方面可能出問題。也可能代表過分注重物質面，而犧牲了生命中非物質但同樣重要的事情。

錢幣二
Two of pentacles

正位：平衡、適應力、時間管理、資源豐富。

這段時間在金錢或事業上的不穩定是暫時的，目前你可以從事一些對你有利的改變。相信自己在物質上一定能夠順利無憂，但自己要負起該負的責任。財務收支的平衡，工作和娛樂的平衡。手上有很多資源可運用，特別是時間、精力和金錢方面。學習一項新技能。生意或生涯職業方面的抉擇。

逆位：不平衡、不堪負荷、雜亂無章、擔憂金錢問題。

缺乏迎接新挑戰的活力或熱情。財務混亂。資金可能不足，導致內心有所擔憂或產生一種匱乏心理。跟生意上的合夥人或情感伴侶有金錢方面的潛在糾紛。避免過度消費或收支不平衡的行為。照顧好自己，盡你所能負起責任、減輕財務方面的壓力。

錢幣三

Three of pentacles

正位：創造力、得到認可、技能、成就。

功成名就，尤其是在生意或事業上。代表精通某項技能，以及付出的努力得到物質回報。你的才華和能力得到他人的認可。你的地位和等級在你的同儕之間可能會往上升。有可能搬新家或換新的辦公室，也可能單純指你對某件事情的熱情和生產力的提升。

逆位：創意受阻、不夠努力。

由於不夠專心努力而失去機會。花了太多時間在夢想遙遠的結果，反而忽略了手邊每天要做的工作。請記得，成就是一步步慢慢來、穩定進步的結果。感覺創意受阻，需要新的靈感。購買房產的計畫此時可能會受到耽擱。

◆

錢幣四

Four of pentacles

◆

正位：安全保障、平衡、守護財源（資源）、拘謹保留。

經濟穩定且基礎牢固。無論在物質資源或商業投資方面，你確實都走在正確的軌道上。只要將資源做明智的分配，保證可以生活富裕充足。要記得，富裕是一種流動的能量，有起就有落。這張牌也是一種提醒，不要變成吝嗇之人，也不要過度鋪張浪費。在金錢上和／或社交上處於拘謹保留的狀態。

逆位：唯物主義、貪婪、資源停滯不流通、限制。

過分注重物質。覺得資源（金錢、時間等）永遠不夠用。過度揮霍或隨便花錢。憎恨別人的成就。自私或吝嗇的心態。請記住，囤積心態會讓財富真的變成停滯。你要願意釋放陳舊的東西，為新的事物騰出空間。附帶含義可以意指由於外部環境因素獲得意外之財，例如財產繼承。

錢幣五

Five of pentacles

正位：不安全感、孤立隔絕、財務損失、憂慮、貧窮、困苦艱辛。

實際上的經濟困難，或單純因為對貧窮有一種強烈恐懼而導致不快樂。可能會有意想不到的開支。可能需要節省開支或重新規劃預算。感覺自己被冷落，無法跟別人一樣過美好的生活。由於把眼光放在欠缺的事物上，因而無法看見好運。貧窮意識。將眼光放在你已擁有的實際財富。你一定會走出現在這個不舒服的困境，迎向美好前景。附帶含義是，你可能需要學會接受別人的幫助。

逆位：擺脫財務壓力、稀奇古怪的機會。

財務上的困難暫告一段落。新的收入來源或馳援會出現，可能來自你意想不到的地方。你可能正在採取一種非傳統的方式來克服障礙。這張牌也可意指由於過度注重物質面或缺乏自我價值，而導致一種「心靈上的貧困」。

錢幣六
Six of pentacles

正位：收到禮物、慷慨之舉、獎金、公平交換。

物質上的收穫，通常是意外之財，可能是為了感謝你的辛勞工作，或者單純是一種鼓勵性質的慷慨之舉。可能是直接送錢，也可能是送禮物，例如帶你出去吃飯。依占卜牌陣內容而定，你可能是送禮的人，也可能是收禮的一方。無論哪一種情況，這種交換都隱含著互惠的能量：任何一方都不會覺得自己虧欠對方任何東西，給予者和接受者同樣受益。

逆位：自私、債務、貪婪、嫉妒、不誠實的交易。

代表一種能量，在物質方面有所匱乏或覺得受到不公平待遇。在雙方的交易（交流）中感到被輕蔑。對別人非常吝嗇。某人可能因生意遭到資產扣押，或是有做生意不老實的情形，因此在你幫人作保之前要先調查清楚。這張牌也可能代表有債務問題，雖然心理上的擔心可能大過實際上的欠債狀況。

錢幣七

Seven of pentacles

正位：恆心毅力、信念、報償、利潤、投資。

相信你長時間的努力會得到結果。對事情的進展要有耐心。要相信你的夢想種子已經種下，而且成果會超出你目前的期待。你的努力可能需要稍作停頓，但不要失去動力，也不要太急於求成。將時間、金錢或其他資源投入到對的事情上。

逆位：成就有限、物質上的不安全感、報酬有限、拖延。

事情暫時沒有進展。對於事情的進度存著不必要的擔心。對自己的努力缺乏信心。到目前為止，你的努力或投資回報很有限。由於對金錢或其他物質層面的保障感到焦慮，而做出不明智的選擇，或出現拖延毛病。無法看到長遠的結果。

錢幣八

Eight of pentacles

正位：工藝技術、鑽研、拜師學藝、長遠的繁榮成功、滿意。

創造力熱情或靈性追求與物質上的安全感相結合。長期投入的工作項目正逐漸成熟，或是開始呈現新的結果。專心投入於一項技藝或才能，精益求精。對自己的工作感到滿意和自豪。長期事業或賺錢目標有新的進展機會。

逆位：缺乏長遠前景、完美主義、不滿意。

感覺被困在你並不滿意，或不符合你長期利益的職業環境中。對目前的工作或所追求的東西不感興趣。對你所從事的事情太過完美主義和過度自我批評，讓你無法從錯誤中學習。如果真的覺得自己走錯行，那麼現在是開始評估其他選擇的好時機。

錢幣九
Nine of pentacles

正位：成功、自尊、自信、報償、好運、繁榮成功、舒適安穩。

事情進展非常順利，成功在望。享受工作帶來的回報。投資(包括時間、工作耕耘以及金錢等方面)獲得報酬。好運即將到來，或是會收到意外之財。擁有資源可以創造未來的收益。樂在一些生活小事，活在當下。一定會成功。附帶含義：很享受自己當老闆，而且事業很成功。

逆位：不和諧、害怕損失、財務出問題。

金錢問題危及經濟上的保障。財務紛爭造成情感關係上的緊張。沒有仔細思考你對資源的分配可能帶來的長遠影響。對你的投資缺乏信心。潛在的健康問題。

錢幣十

Ten of pentacles

正位：家、家人、家族世代、財富、繼承財產、安穩富裕。

整體且長久的幸福感，尤其是在家族內以及跟房屋有關的事情。買房、房屋翻新或投資房產。有可能從上一輩那裡繼承財產或獲得其他利益，例如教育費。慷慨的朋友或親戚。明智地規劃未來。

逆位：財務上的失敗、損失、家庭衝突、房屋方面的問題、賭博。

可能跟遺囑和財產繼承有關的金錢問題，或是長久的期待沒有開花結果。家庭內部的衝突，通常是因為金錢或長期計畫方面的問題。房屋的物理結構出問題，或是買房方面的問題。也可能代表賭博的風險。

錢幣侍者

Page of pentacles

正位：金錢方面的機會、值得付出努力、可靠、勤奮。

跟金錢有關的好消息，可能是透過一份新工作。一位努力工作、成熟、勤奮又有責任感的人。勤奮學習新課程的學生，如果有足夠的興趣繼續學習，很可能獲得經濟上的成功。成功的能量。附帶含義：可能有小孩或孫子出生。

逆位：缺乏進展、專注力無法持續、不負責任、不滿意。

感覺一份工作或職業得到的報酬跟付出的努力不對等。無法為了實現目標而投入必要的努力。目標不切實際，計畫缺乏重點。重外表而不重實質內涵。

錢幣騎士

Knight of pentacles

正位：穩定、安全、進步、可靠、行事謹慎。

由於過去的努力和決定，財運或事業發展即將看到成果。很可靠而且注意細節。辦事講求方法，但能夠穩步推進。一位可信賴而且有榮譽感的人，腳踏實地又負責任。一位忠誠、奉獻、行事謹慎而且／或是自立自強的人。

逆位：懶惰、不作為、不誠實、不可靠、頑固。

成果無法持續。愛拖延。對於必要的工作缺乏投入的意願。忽略一家公司的日常運營或學習過程中的重要細節。不願做好自己本分工作，或試圖將工作量轉嫁給他人的人。附帶含義：可以意指某人過於刻板或有條不紊，需要放鬆或稍微做些改變。

錢幣王后
Queen of pentacles

正位：寧靜、安全感、慷慨大方、富裕、心滿意足。

平靜與安寧。心情放鬆，享受富裕生活。對自己的努力或勞動成果感到滿意。因計畫深思熟慮且能夠持續進行到底，足為成功典範。一位有成就、務實，而且言行一致的人。表現出慷慨、體貼、尊嚴和／或自給自足的心性品質。一位能夠幫助他人，而且願意滿足眾人需求的人。

逆位：自私、匱乏之心態、嫉妒、貪婪、吝嗇、不夠務實。

缺乏慷慨之心。一個人由於內心的不安全感或信任問題，在金錢上很吝嗇，或是不願給人支持。試圖去控制自己擁有的各種形式的財富，不願意信賴它的自然流動。或是相反，可能代表一個人過度慷慨或膨脹了自己所擁有的財富，而且沒有先確認是否能夠滿足眾人需求，就將資源全數散盡。

錢幣國王

Knight of pentacles

正位：經濟實力、主權、成功、安全感、仁慈大方。

能夠駕馭成功的能量。財務上的自主權。計畫已經實現，願望已經達成。財富和豐足生活都得到保障。一位經驗豐富又擁有高度專業技能的人。一位慷慨仁慈、富有同情心、有責任感和／或堅定不移的人。可能與房地產和財務規劃方面的問題有關。注意，要務實、腳踏實地，並向這些領域有成就的專家請教建議。

逆位：不夠務實、缺乏成就、自我懷疑、沒有安全感、貪婪心態。

由於根深蒂固的拖延毛病或習慣自我懷疑，導致成就很有限或無法持續。不願意透露自己的「成功祕訣」，不願幫助他人獲得成功。貪婪和腐敗的潛在可能性。在職場上，這張牌可能是一種警告，某位上級大人物表現出有辱名譽或自私的行為。

結語

現在，你已經對塔羅有了基本認識，接下來，你可以開始繪製屬於自己的塔羅學習道路，摸索各種不同形式的牌陣，並運用進階資源（請參考下一頁的進階閱讀建議）來建立屬於你自己的知識，然後全心全意把時間花在跟紙牌相處。

請記得，在這條道路上前進時，一定要相信自己的直覺。隨時留意你腦海中浮現的想法，以及你跟紙牌互動時的感覺。不要因為書上說的內容跟你的感受不一樣，就開始懷疑自己的本能直覺。

要成為熟練的塔羅占卜師，一定得花時間，但這絕對會是一段充實的旅程。當你能夠非常順手使用你的塔羅牌，不斷做練習，你會發現，紙牌愈來愈常直接對你說話，而且說話的內容也愈來愈清晰。當這件事情發生，請務必將你的占牌內容記下來，日後再回來重新查看，看看你的解釋哪些部分最準確。

最終，你會透過自己的人生體驗來深化你對塔羅牌的了解。更理想的情況是，因為深入探索塔羅牌而豐富了你的生命經驗！

進階閱讀建議

當你準備將塔羅牌的學習提升到另一新的層次，以下這些書籍可以幫助你擴展你的塔羅知識。這只是一張簡要書單，若想更深入塔羅堂奧，一定要靠自己去探索！

瑪莉・K・格瑞爾（Mary K. Greer）《解讀塔羅牌的21種方法》（*21 Ways to Read a Tarot Card, 2006*）

芭芭拉・摩爾（Barbara Moore）《塔羅牌陣全書：活用76種牌陣，解讀能力大升級》（*Tarot Spreads: Layouts and Techniques to Empower Your Readings, 2012*）

羅伯特・M・普萊斯（Robert M. Place）《塔羅牌：歷史、象徵和占卜》（*The Tarot: History, Symbolism, and Divination, 2005*）

瑞秋・波拉克（Rachel Pollack）《78度的智慧》（*Seventy-Eight Degrees of Wisdom: A Tarot Journey to Self-Awareness[A New Edition of the Tarot Classic], 2019*）

克莉斯汀・佩恩・陶勒（Christine Payne Towler）《地下主流：奧義塔羅揭祕》（*The Underground Stream: Esoteric Tarot Revealed, 1999*）

班娜貝爾・溫（Benebell Wen）《全觀塔羅：塔羅牌的個人成長之道》（*Holistic Tarot: An Approach to Using Tarot for Personal Growth, 2015*）

初學者塔羅

出　　版／楓樹林出版事業有限公司
地　　址／新北市板橋區信義路163巷3號10樓
郵政劃撥／19907596　楓書坊文化出版社
網　　址／www.maplebook.com.tw
電　　話／02-2957-6096
傳　　真／02-2957-6435
作　　者／麗莎・錢伯倫
譯　　者／黃春華
企劃編輯／陳依萱
校　　對／許瀞云
港澳經銷／泛華發行代理有限公司
定　　價／380元
初版日期／2023年4月

國家圖書館出版品預行編目資料

初學者塔羅 / 麗莎・錢伯倫作 ; 黃春華譯. -- 初版. -- 新北市 : 楓樹林出版事業有限公司, 2023.04　面 ;　公分

譯自 : Tarot for beginners : a guide to psychic tarot reading, real tarot card meanings, and simple tarot spreads.

ISBN 978-626-7218-49-5（平裝）

1. 占卜

292.96　　112001909